ぼくは本屋のおやじさん

早川義夫

筑摩書房

目次

文庫版まえがき

今回、文庫化するにあたって、本屋に関する文章を『いやらしさは美しさ』から抜粋し、第三章に追加した。『ぼくは本屋のおやじさん』の単行本が出た一九八二年当時、インターネット販売はなく、注文した本が翌日届くようなことは考えられなかった。しかし、町の小さな本屋の流通経路はおそらく昔と変わらないだろう。それでも頑張っていらっしゃる本屋さんには頭が下がる。

文庫化にあたって、藤原マキさんに描いてもらった早川書店の袋、ブックカバー、しおりの絵をご主人のつげ義春さんの了解を得て載せさせていただいた。

大槻ケンヂさんの解説は面白くて思わず笑ってしまった。いや、面白いだけではなく、じんわりと、ほろりと来た。できれば、本書を読み終えたあと、美味しいデザートとして楽しんでいただけるとありがたい。

僕が本屋を経営していたのは二十二年間。やめて再び歌を歌い出してから、もう二十年になる。遠回りをしてしまったような気もするが、不器用ながらも、その時その時、精一杯やってきたつもりだから、悔いはない。もしも、本屋を体験していなかったら、今の僕はない。普通であることの素晴らしさ、感動は決して芸術の中だけにあるのではないということを学ぶことができたからだ。

二〇一三年十月十五日　　早川義夫

早川書店の袋、ブックカバー、しおりのイラスト　藤原マキ

ぼくは本屋のおやじさん

絵・藤原マキ

早川書店

早川書店の袋　絵・藤原マキ

二十三歳の時である

あまり思い出したくないのだが、僕は昔、歌を歌っていた。といっても、クラブ活動の延長のようなもので、おまけに、暗い歌しか歌えぬグループであったから、出演する場所はなく、たまにどこかへ歌いに行っても、楽器の運搬賃の方が高くつき、歩合制で契約していた事務所からの給料明細書はいつも赤字であった。

そのころ、すでに人気を得ていた連中は、ギターケースの把手《とって》のところに、航空便の荷札をいっぱいつけて、高そうな毛皮をそろって着ていたので、僕らもいつか、あいうコートを着れるようになりたいね、などとひまそうな体を事務所のソファに埋めながら、横目でつぶやいていたものだった。

グループはあっけなく解散した。僕は二年ほど事務所に残り、制作側の仕事をしてから足を洗った。洗うなんて大袈裟だが、僕にとってはそうだった。スポットライトが当たっていなくとも、当たっているような錯覚に陥る世界だった。「もう歌わないんですか?」「どうして歌わないんですか?」という質問を、ごくまれに、嘘のようだけれどファンであったという人から受けるたびに、「どうして生きているんですか?」と言われているような気分に落ちこんだ。

二十三歳の時である。僕はその時、はじめて生活のことを考えた。もう、あまり人と接しなくてすむような、喋らなくともすむような仕事につきたいと思った。けたたましく電話が鳴りひびき、かっこいいと思っている流行語が飛びかわないようなところへ行きたかった。どこか、静かな田舎の方でおじいさんになれたらと思った。

事務所をやめたちょうどその日、家内が病気になってしまった。子どもの面倒を見に義理の母が泊りにきた。今思うと、あの時、女房が病気さえしなければ、今の職にはついていなかったかもしれない。僕は家でごろごろしながら、のんびり先のことを考えるつもりだったのだ。たとえば、この時とばかり、よくわからないけれど、旅行をしたかもしれないし、あきらめて、親の商売をつぐことになったかもしれない。とにかく、あせることもなかったのだ。しかし、義理の母の手前、僕は家でごろごろしているわけにはいかなかった。さも仕事があるように、家を出て行かなければならなかったのである。

僕の行く先は決まっていた。偶然見つけたある本屋に、雇ってくれるかどうか聞いてみた。すると、ネクタイをしてこなくちゃ駄目だと言うので即やめることにした。次は、家から一駅歩くところぐらいの本屋を尋ねてみた。履歴書の動機欄に、五年後本屋を開きたいためと書いた。僕は、特別この本屋でなきゃいけないとか、本屋はこうでなくちゃいけないなんていうのはない。ふつうの本屋であることが最高であった。旦那さんと奥さんとでやっている小さな店だ。僕はモクモクと働いた。仕事を終え店を出ると、電信柱に貼ってある広告の文字がボヤーッとボヤケてしまうほどであった。

週に一度の休みは、よく古本屋に出かけた。毎日の仕事の帰りも別な本屋をのぞき、家で夕飯を食べたあとも近所の本屋へ行き、電車に乗って一駅か二駅先の本屋にも行ったりした。いわば、本よりも本屋が好きであった。見知らぬ人と出会うよりは、はるかに見知らぬ本の方がよかった。かこまれるならば本にかこまれていたかった。感触とか、形とか、印刷そのものが好きであった。

僕が勤めている間、一週間だけ見習いにきて、本屋をはじめてしまった若い女の子がいた。旦那さんは、できるのかなーと心配していたが、僕はうらやましく思った。

資金さえあればできるのである。特別、修業なぞしなくとも、しくみさえわかれば、あとはすべて応用なのだ。こういう言い方をすると、長年本屋をやっている人たちや、ふだんから本屋に不満を持っている人たちは、だから本を知らない本屋が多いのだ、と言うかもしれない。しかし、本が好きであればいいのではないかと思う。好きであるということが一番大事なのだ。嫌なことを、やりたくないことを無理矢理やっているからトラブルが起きるのだ。今でもそう思う。

僕はあっちこっち場所探しに歩いた。当時、僕が持っていたお金では当然足りず、父の援助が必要であった。父は苦労して築きあげたタイプであったから、借りるならそれなりの説教を聞かねばならない。商売とは……、……とは、うんざりしたが僕はたえた。つまるところ、僕の描いていた海の見えるようなのどかな場所ではなく、父の持っていた土地を選ぶという線に落ちついた。銀行からお金を借りる手続き、建築のこと、取引のこと、僕の頭の中はいっぱいであった。損益分岐点、第一抵当権、全部チンプンカンプンである。計算された数字を見せられると頭が痛くなるほどであった。僕は、自分にできそうにないことは、はじめからあきらめていたから、それらは、僕よりもっとわかっていないうちのにやってもらうことにした。僕は、僕のできる範囲のことを一所懸命やるかわりに、僕のできないことは、特別得意なものはありませんという人がやるしかないのである。僕が嫌なことというのは、つまらないことだ。たとえば家を建てる時、上棟式というのがあり、棟梁に御祝儀を渡してナントカカントカということが嫌であった。そういうナントカ式が駄目なのである。だから、取次の人から開店披露パーティに出版社の人を呼んで、挨拶して、などと言われた時、いっぺんに疲れが出た。結局、うやむやにしてやらず、あと二、三日で内装も完成という時に引越しをし、と同時に、本がドーッと入り、一日おいて開店となった。まるで、逃げるように、凄まじいいきおいであった。

第1章

ぼくは本屋のおやじさん

1　ぼくは商売に向いていない

ちょうど、酒屋の主人がのんべえでないように、こうして本屋をやっていると、本を読む時間もないし、また、読む時間があっても、もう読む気が起こらなくなり、このところゆっくり読んだためしがない。今は読むというより目を通すだけで、それも、まるで違うもの、出版社や取次から送られてくる注文書や、一日一〇〇点といわれる新刊の背文字と色具合を、それに新聞ならば広告欄のみを、サーッと眼にやきつけていくだけで、あとはまずしい記憶力だけをたよりに、毎日、整理整理にあけくれている。

実際、本屋をはじめる前に夢に描いたことは、店は小さく、たばこ屋兼本屋みたいな、できれば、好きな本だけを集めたような、あまり売れなくてもいいような、猫でも抱いて一日中坐っていれば、毎日が過ぎていくような、そんなのどかなことを考えていた。ところが、思っていたことと実際は随分違う。本屋というのは、売れなければ、欲しい本が回ってこないしくみなのだ。欲しくもない商品は、たのまなくても送ってくるが、欲しい本が送られてこないということは、これはかなり重要なことで、こういう品揃えをしたいとか、この分野だけは完璧に揃えたいと思っても、それがすぐには不可能となると、猫を抱いているわけにはいきません。

たとえば、角川文庫の売上げスリップ（本の間に挟まれている短冊の半券）を、一年間に、何枚角川に送ったかによって角川が書店のランクづけをし、新刊配本の部数を決め、取次はこの場合それを運送しているだけにすぎず、ですから、白状すると、角川文庫の新刊が発売日と同時にくるようになったのは、うちの場合開店してから二年後でありますし、今もなお十分な冊数はきてないのです。そんなわけで、たぶん、どこの商売も同じだろうと思うけれど、すべてが実績やら力関係によって商品が動くので、甘い夢はいとも簡単にやぶれたわけです。

あのころの僕といえば、町に出て行くところといったら、本屋と喫茶店しかなく、紀伊國屋と新宿ステーションビルの山下書店と、風月堂をぐるぐる回る毎日であった。お客さんとしていごこちのいいのは、ホントに本屋さんしかなく、あとはみな店の人が何にしますかとか、こんなのがお似合いですよと必ず寄ってくる。僕はあれがキライで、だから、僕は、たまたま本屋の主人になってしまったけれど、実は本屋のお客になりたかったわけで、レジにいてもああいうお客さんになりたいなあとつくづく思うことがある。

元来、僕は商売には向いていず、つり銭も、三百八十円の買い物に一万円札を出されると、一瞬まごつき、なおかつ「あ、三十円あったわ」なんて、あとから三十円出されると、もう、僕の頭の中はくるくるパーになってしまうし、「今日は寒いわね」と挨拶をされても、なんと応えてよいかわからなくなってしまうところがある。かといって、何が向いているかといえば、何も向いていない。

多少本が好きといっても、読んだ本はほんのごく一部で、それでも、深沢七郎の『東京のプリンスたち』や、古山高麗雄の『サチ住むと人の言う』みたいな小説を、僕も書けたらなあと人並みに思うことがある。思うことは簡単で、だいいち、ホントに書き出している人は、書きたいなあなんて口に出しはしないだろうから、もう僕は失格で、背表紙しか読まない本屋になりきっちゃえばよいのである。

そうこうしているうちに、早いもので、四年と三カ月が過ぎた。聞かれる本に、「ないです」と答えるのがつらくて、少しずつ商品量が増えていく。ふえたところでかわりはない。見づらくなるだけなのについつい増える。結局は大書店にかなわないのだ。小さな書店は大書店をそのまま水でうすめたような品揃え。どこにいっても同じような本がならび欲しい本はない。おまけに聞いてもわからない。注文品が遅い。いったい何がとりえなのだ。普段からそう思っている人は、はじめっから怒っている。店に入ってくるなりいきなり「○○ないの?!」である。「ありますか?」という聞き方ではなく、「ないの?!」である。注文をしといて、あそこにあったから買っちゃったという人も出てくる。わざとこっちも遅くしているわけではない。注文をしといて、ついよそで買っちゃう人も、わざと買ってしまうわけではないのだ。

さまざまな本があるように、実にさまざまなお客さんと出会う。売り買いだけの関係で終わってしまうには、あまりにもったいなく思うことがある。かといって、コーヒーでも沸かしながら、店先でお話することもできない。たとえば、こういう本の集め方もあれば、こういう本の読み方もある。こんなおもしろい本があるよ。と、お客さん同士の意見の交換ができないものだろうか。読者と書店の信頼関係が失われているなら少しでもとりもどすことができないものだろうか。この『読書手帖』(本稿初出の小冊子)から、素晴らしい本にめぐりあうきっかけがつくれないものだろうか。読んでよかった、この町に住んでよかった、と思えるような雑誌がつくれないものだろうか。と、またもや僕は夢みたいなことを思ってしまったのだ。
しかし、雑誌づくりよりもやらなきゃならないことは山ほどあった。ただでさえ、毎日やりのこしている仕事があるのに、このうえ仕事を増やしてよいのだろうか。なによりもお客さんへのサービスは、きめこまかな、本の品揃えだ。的確に答えられる商品知識だ。それらを中途半端にしてはじめてよいのだろうか。けれど、何年たったところで僕の商品知識なぞは、御存知のとおり今のままだし、二〇坪の本屋がならべられる本の量はたかが知れている。

ところで、僕が最初に書きたかったことはこんなことであった。どうして新潮社の新刊が思うように入荷しないのか。注文品は、どうして二週間前後みてもらわなければならないのか。どうしてはじめから置いてない雑誌があったり、売り切れが多いのか。ならば、次はいつ入荷するのか、何故その日にちを答えられないのか。そんなたぐいの、いつも、お客さんに聞かれてまごつくこと、聞き方によっては、私のせいじゃないんですと言いたくなるようなこと、そんなことがらを、(知っているお客さんもいるだろうけれど)知ってもらいたくて、書きたかった。ところが、下書きを何度かくりかえしているうちに、だんだん自分がみじめになってくる。それは当然、言いわけであり愚痴である。しまいには、そんな苦労話をして、同情してもらおうと思っているのではないかと自分が見えてくる。一種の被害妄想である。

できれば裏話はしない方がいい。いったい、こんなことを話しはじめても、お客さんは聞いてくれるだろうか。お客さんは欲しい本があればいいのであって、ない理由を知りたいわけではないのだ。実際うちになくたって、取次や出版社で切れてたって、あるところにはあるから、こまりものである。僕は、その、信用問題にかかわることが一番つらい。

商売というのは、ホントのことを言ってはいけないのだろうか。「〇〇ありますか？」「あ、その本は、だいぶ前に発行されて、しばらくうちにも置いといたのですが、（全然）売れないから返品しちゃったんです。（なぜ、ある時に買ってくれなかったのですか）」なんていうと、お客さんはいやな顔をするだろう。その場合、「あ、すいません。さきほどまであったのですが、売り切れてしまったんです。お急ぎでなければ取り寄せましょうか」というのが商売である。お客さんもその方がいい。「あ、一歩、遅かったわね」と自分が選んだ本がやはり売れているのかという満足感も得られる。それを、売れないからとか、もう、返品期限なので返しちゃったなどと、正直に言うのはやはりよくない。だから時たまうちに、発売になってない本まで、よその本屋で売り切れたと言われたんだけど、と、本を尋ねにくるお客さんがいる。それは、きっと、ない場合や、わからない場合、「売り切れです」と答える方が、「わからない」とか「見たことがない」と正直に答えるよりも、お互いに気分がいいからなのだ。だから、もし、「○○の○○シリーズは置いてないのか」という問いに、「すいません、売れないから置いてないんです」と答えれば、あ、ここの本屋は、売れる本しか入れてないんだなと思われる（実際、思われてもいいわけなのだが、一年に一冊売れるか売れないかの本を、一年間棚に差しておくよりも、たとえば、『平凡』、『明星』を、うず高く積んだ方が、何倍ものお客さんにサービスしているわけで……）。

そういえば、前に一度、あるお客さんが、岩波の『世界』という雑誌を求めにきて、ちょうど、うちでは現在少し店に出してあるので、それを渡したところ、そのお客さんが言うには、「やっとあった。このへんの本屋じゃ、岩波は買切りだから、予約分しか入れてないって言うんだよね。僕はね、そういう了見が気にくわないよね。そりゃいいよ、それぞれ店の方針があってやっているのだろうから、でもどこにいってもそうなんだよね。なんのために、本屋をやっているのかね」。そのお客さんはたまたまうちにあったので、うちの店を気に入ってくれたらしいが、これは、ただ運がよかったただけの話である。うちは昔、しばらくの間、この『世界』という雑誌を予約分とは関係なく、店出し用として、四、五冊入れていた時期があった。ところが何カ月たっても、毎月、二冊ぐらい余ってしまう。月によっては、売り切れる時もあるが、全然、売れなかったりする月もある。一〇〇冊売って、一、二冊余るならしかたがない。みみっちい話で恐縮だが、利益が出ないわけで、その本を考えると、五冊仕入れて、四冊売れても、一冊余ったら、利益が出ないわけで、その本を売る経費分だけ損ということになり、結局、はじめから置かない方が得ということになってしまうのです。なにも買切りだからと言い張っているのではない。買切りでない商品にしたって、結局は同じことなのである。

全国書店数、二万軒。一種類の本の刷部数が二万部であれば、当然、計算では当店にも一冊くるはずだ。ところが、初回刷部数五〇〇〇部の本はどうやって分けるのだろうか。そのうち、大書店が何十か何百とり、中小書店がちびりちびりと分け与えられ、いかない書店の方が多い。いくら事前に注文を出しても、五〇〇〇部しか刷らないのだから、入荷不可能の場合も出てくる。それは、純文学が主だけれど、に限らず、少部数のものは、すべて、その運命にある。そして、少部数でなくとも、ベストセラーになりそうな本、前評判の高い本は、書店同士で奪い合いになるから品薄になる。

そしてそれは、書籍に限らず、雑誌だって同じことである。出版社も購買欲を増すために、わざと品切れ店を続出させ、少なめに刷る場合も考えられる。

書店が、取次経由で出版社に回す注文短冊というのは、もう（出版社に直接電話するのも同じことだが）効力が堕ちてしまっている。全国の書店がそれぞれ客注のふりをして、売れそうだという本に見込み注文を出しているから、出版社がもしも、その注文冊数通りに本を刷って撒けば、最後にドサーッと返品がくるから、出版社は注文通りには送品しない。そして、新刊が出るたびに注文短冊を見て、発売日に各々の冊数を決めて撒くような面倒なことはしない。大手出版社は、さっきの角川のランクづけみたいなものを利用して出版社が指定するわけだ。少し余った本を、今度、取次の書店担当者が手配本をする。だから、書店は取次の担当者にも憎まれないようにしておかなければならないし、または、始終ぶうぶう言ってなければならない。出版社は、売れ行きを早く知りたいから、全国に薄めて撒くよりも、めぼしい大書店にドサッと置いて、売れ行きを確かめる。重版するかしないかを決めるのである。また、重版した時も、東京都の書店を埋めつくしてから川向こうに回す、とも聞く。

毎日、送られてくる本の中に、あ、この本がない、とない本を発見した時の怒り、怒りが収まると、今度はだんだん元気がなくなってくる気持ち、情けなくなってきます。情けなくなるのがいやだから、今度は、全国書店で発売中という広告を、あまり見ない。お客さんがこの本を聞きにこなければいいなあと思う。こんなことでいいのだろうか。出版社に電話をする。発売と同時に、品切重版未定という返事。お客さんが発売前に注文を出す。うちで一冊確実に売れるとわかっていても、発売日と同時には入ってこない。いくら実績がなくとも、いくら新潮社にうちが貢献してなくとも、一冊注文を出したのだから寄越せばいいじゃないかと誰でも思うでしょう。まともに考えればおかしいと思う。何日か遅れて、どうせ注文分がくるのなら、はじめから寄越せばいいじゃないかと思うのが普通である。くればいいけれど、くるのかこないのか当てもないわけだから、書店が、大書店に本を買いに行くことになる。こんなバカなことがあるだろうか。一冊の本のために、一人のお客さんを逃さないため書店が書店に買いに行く。問屋に仕入れに行く経費や時間よりも、ありそうな書店に買いに行った方が、早いし確実なのだ。問屋よりも大書店の方が、いわば、あるわけである。問屋は、その誰でもが欲しがっている商品を、店売《てんばい》に並べはしない。また、並べるほど数もない。もしも、その最も書店が欲しがっている商品を積めば、先に見つけた者が、極端にいえば、全部取ってしまう。そこで、店売の人とツーカーの書店がこっそり、机の下から受けとる。往復するだけで、二、三時間かかるのに、あればいいけれど、どこ歩いてもなくて、つい、余計なものを仕入れてしまったり、そんな光景を見るといやになってしまう。

書店がお客さんに対して、ランクづけみたいなことをするだろうか。あのお客さんは実績があるから渡して、あのお客さんは実績がないから注文しても渡さない。少部数しか入らないものを、店に出さずに、レジの下の方から渡すような、そんな売り方はしない。

本の仕入れ方法というのは、書店によって違いはあるだろうが、新刊の場合、だいたいは、パターン配本というのを利用している。あらかじめ、この種類のものはAランク、この種類のものはBランクなどときめておき、それにそって、機械が送品冊数をはじき出すのである。そのつど、一つ一つの注文を出さなくても自動的に本は送られてくるわけである。AとかBとかいうランクづけは書店の希望どおりになる種類のものと、ならない種類のものがあり、後者がいわば、先ほどからこないこないといっている、新潮、文春、角川、光文社などであり、前者は、増やすことも減らすこともできる。けれど、その種類別がなぜか大まかであるために、欲しい商品を入れるためには、それほど欲しくもない商品までが入荷することになる。パターン配本の変更をする。しても、まずは完璧にならない。出版社の刷部数と、取次の仕入れ冊数が適正でなければ、いくら、書店がパターンをいじくっても無理なわけである。そこで、入荷と同時に、即返品ということが行われる。

いくらかの重版をふくんだ新刊委託の箱以外に、書店には、長期委託というセットものも毎日のようにくる。注文をしたからくるのもあるが、いうなれば勝手に送ってくる。余っている商品を送ってくる。取次は、たくさんの本を動かせば動かすほど経営がなりたつからで、書店に置ききれないことがわかっていても送ってくる。書店も売れ行きの止まった商品を戻して、新たな商品を次々入れかえた方が、新鮮な品揃えが出来るわけであるから、その長期委託品を歓迎する場合もある。

いずれにしても、欲しいものはいっこうに来なくて、特別欲しくもないけれどというものはうんとくる。そのアンバランスな送品と種類の多さに書店は悩まされるわけである。ならば、それら取次の、きめこまかな送品でない機械操作をストップさせ、すべて自主仕入れをすればよいのかとなると、それはそれでたいへんなことである。だいいち、注文を出すということは、一斉にやる機械操作ではないから、発売日より遅れることになる。毎日、神田に仕入れに行くことが出来るのならば、それもある程度は解消できるだろうが、全点くまなく新刊を揃えることはまず出来ないであろう。

となると、取次の本の送り方は、不公平な配本を別とすれば、全部が全部悪いとはいえない。

そのかわり、返品が、毎日、行われる。僕が本屋を開く前に働いていた書店でも、僕は返品ばかりをしていた。荷ほどきと返品で一日が終る。そのくらい返品が出る。こんな無駄なことをしててよいのだろうかと思う。どうしたらよいのか考える間もなく、次々、荷物がくる。返品された書籍は化粧をしなおして、またやってくる。ぐるぐる回っているうちに、いつかは読者の目にとまり、売れていくのだ。

本屋は返品がきくからいいと人に言われることがある。しかし、いつでも返品がきくわけではない。雑誌も書籍も返品期限というのがある。月刊誌の場合は発売日より二カ月以内、新刊書籍の場合は、発行日より四カ月以内である。四カ月を過ぎると返品がきかなくなり戻ってくる。これさえ抱えなければ、書店はつぶれはしないのである。そこで、書店は、この本はいつまでに返す、この本はいつまでに返すと、始終、棚に目をくばっていなければならない。次々、新刊が出るので、売れそうもないものは、たとえば、二カ月たっても一冊も動かないものは、四カ月たっても動かないだろうというような予想をたてて、早めに返してしまう。売れても売れなくても、取次からの請求書は十五日おきにやってくるし、だいいち、何かを返さないと置ききれないのである。

お客さんから「前、ここにあった本は？」と聞かれたりする。また、発売になって、とうに四カ月が過ぎたものを聞かれても、なくて不思議はないのである。結局、読者が実際に本を手にして選ぶ場合は、発行日より四カ月以内に、その本に出会えばよいわけである。（もちろん、四カ月間、棚に置いてあればの話だが）あとは、注文しかない。となると、それだけではあまりに寂しすぎるから、また、別な送り方を出版社や取次が考えて送ってくる。それが、さきほどの、新刊扱いの重版であり、長期委託や常備寄託である。またこれも、三カ月とか六カ月とか一年という返品期限がある。いずれにしても、それら重版や長期のものは、ごく一般的なものしか出荷しないし、書店もそういう基準でしか選ばない。結局、内容はどうであれ、売れ行きのパッとしないものは、注文をしない限り書店には並ばないのである。

こうして書店は、本の仕入れと同時に、返品についても神経を使う。たとえ、返品期限をもうけない出版社の本にしても、半年もたつと、薄汚れてしまうから商品の入れかえもする。

本の広告や、書評や先生が薦める本などは、この書店の返品期限や商品の入れかえを考えて出しているわけではないから、どこにいっても見あたらない本が出てくるし、時にはもう絶版になっている本を生徒に買わせる先生も出てくる。

出版社数、約三〇〇〇社から、二十数万点もの本が流通し、そのうえ新刊が毎年、二万数千点ずつ増えていき、そのうえ、二五〇〇種もの雑誌がある。多品種少生産の出版界である。管理が悪いと、店にあるのに、ないですと答えてしまう時もある。あやふやな題名からも、本を見つけ出さなければならないのだ。たしかにそれらは書店の仕事だ。しかし、読者も覚えておく必要がある。本を購入する段階、注文をする段階では、内容よりも、著者名よりも、出版社名と書名である。何回配本の何巻なのか。〇月ごろ出た〇〇特集という言い方ではなく、〇月号増刊という、記号である。

とはいっても、お客さんが記号で本を探しにくるというのも味けない話だ。あまり、くわしすぎるのも嫌味である。やはり、今まで通りがいい。

そう、今まで通り、毎日、一人ぐらいは、まるで本の如く、ボールペンや祝儀袋をありますかと聞きにきてくれてもいい。ただ、もしも、新聞の切りぬきを持ってきてくれたりする場合、出版社名をわざわざ切り落とすようなことはしない方が、有難いというだけの話である。

2　なぜ本屋に欲しい本がないのだろう

雑誌の発売日というのは、だいたい決まっていて、その発売日より、早く売り出されるようなことはまずない。かつては、どこそこでは一日早いとか、二日早いとかあったけれど、今は組合のきまりで同一地域同時発売が守られている。よく間違えられることは、雑誌の表紙のところに小さく、毎月一日発行と印刷されているが、あれは一日に発売されるということではなく、それぞれ発売日は一日から三十一日までまちまちにふりわけられている。また、発売日が日曜日や祭日にぶつかった場合は、前日に発売されるケースが多い。

お客さんに、雑誌の発売日を聞かれることはかなりある。そこで、ホントならば、全部、発売日を覚えてしまえばよいわけなのだが、僕は、いっこうに覚えられない。もちろん主要雑誌ぐらいは頭に入っているが、あとはどうもはっきりしない。お客さんに聞かれて、あわてて目録をみる。ところが、一年間に一回出るその目録も、実にあてにならず、発売日がころころ変わる雑誌がある。次々に新しい雑誌が生まれるし、休刊や廃刊もある。季刊、隔月、月刊、旬刊、週刊といろいろあって、その他に増刊が出る。おまけに、増刊の発売日なぞは、その本の広告に書かれている発売予定日より、必ずといっていいくらい、遅れるわけである。まだかまだかと読者を書店へ聞きにいかせ、発売前に聞かれるのだから、よほど売れるのだろうと、書店を錯覚させるように、早めの発行日をわざと示しているのではないかと思えるほど、発売予定日というのは、あてにならない。新聞の広告にしてもそうである。本日発売とか、発売中らしく載っていても、実際には、まだ発売前だったり、または、とっくの昔に出ていたり、書店がまだ発売になっていません、と言っても、だって、今日の新聞に出ていたのだから、今日発売になったのでしょ、というふうに、新聞の方を信用しているから、お客さんは納得しないのである。

この発売日に対しては、僕は非常に悩まされる。ある時、書店向けの週刊誌に、○○の続編が○日発売と書かれてあったので、お客さんに、その日にちを伝えたことがあった。ところが、その日になっても発売にならず、お客さんは、まだかまだかといった調子で足を運ぶ。僕も最初は、そういうケースが多いから、二、三日遅れているのでしょうと答えていたはいいが、あまりに遅いので、出版社に問い合わせてみると、その本は、これこれの事情で、発売当分延期ということがわかった。そこでそのことをお客さんに伝えると、お客さんは騙されたといわんばかりに、それっきりうちには来なくなってしまった。搬入していない本は、いくら予定日がわかっていても、はっきり口にしてはいけない。喋る技術として、そこは、曖昧にしなければならないのだ。大型企画の美術本とかは、発売が延びた場合はお詫びと延期理由が載るが、普通の本は、予定した日にちがずれようが、いっこうに訂正はない。二、三日や一週間、一ヵ月ずれるのは、もう、普通の出来事なのである。ところが、うちみたいなところは、発売したのに入荷しないことも考えられるから、また発売が延びたのだろうとばかり思ってはいられない。○○という雑誌がうちに○冊定期的に入ってきているのだから、当然、増刊の場合も、発売になれば○冊ぐらいは入ってくるだろうと安心していると、なぜか入ってこない場合があるからである。そこで、返答の間違いでもあれば、現にあるから、読者が書店よりも、広告の方を信用するのは、無理もない。

雑誌の冊数のしくみは、本来、簡単な機械操作によって行われる。○○という雑誌を五冊仕入れ、三冊返品すれば、次は二冊しか入ってこなくなり、そのまた二冊も返品してしまうと、次は入荷数ゼロになってしまうように、〈前回配本数－返品数＝次回配本数〉となっている。ところが、なぜか、すべてがそういうわけではなく、過剰ぎみの本は減らないし、全体に不足ぎみの本は、容易には増えないところがある。けれど、そういう大まかな割合でいえば、現在、うちに入っている雑誌の各々の冊数というのは、自然な冊数ということになるのです。どうして○○がいつ来てもないんだ、と思う人がきっといるでしょうが仕方がなく、五冊なら五冊、確実に毎月売れていれば、毎月五冊入ってくるのですが、月によって、売れたり売れなかったりしていると（これも仕方がないことなのですが）、品薄になりがちなのは当然といえます。そこで、ある雑誌を、定期的に求めることにしているならば、（どこに行っても、たくさん置いてあるようなものは別によいのですが）どうも、いつ来ても見あたらないようなもの、少部数のもの、特殊なものは、なるべく同じ店で求めた方が、もしくは、定期の予約をされた方が、書店は助かるのです。それは、書籍の全集ものや巻数ものもそうです。書店側のせいも数多くありますが、それらを、あっちで買ったり、こっちで買ったりしていると、最終的には、読者があっちこっちを探すはめになるのではないでしょうか。

たとえば、ＮＨＫの語学テキスト類や週刊誌形式の番号つづきの『アルファ』みたいなものや、○○全集みたいなものは、普通、途中から求める人がいないので、最初の売行部数で、その後の部数が決まっていくので（出版社もそれ以上作らないし、終わりにしたがって部数を落としていく）、たとえば、○○講座の四月号、五月号が、もしも一冊も売れなければ六月号からもう入って来ないし、書店も入れようとはしないのです。ところが、突然、十月ごろになって、どうして○○講座を置いていないんだと怒られても困ってしまうのです。

このNHKのテキスト類には、僕は非常に頭にきていて、だいたい、NHKが受信料と引きかえに各家庭に無料で配ればいいのだと思いたくなるほど、悩まされている。きっと、お客さんも無意識にそう思っているから、求める本の題名を覚えることができないのではないだろうか。「テキストちょうだい」では本は出せないし、先生の名前や時間帯を毎回幾人もの人とやりとりするのは、本来、おかしい出来事である。

雑誌の定期改正用紙には、予約の欄と申込欄がある。たとえば、『ソノテキスト続・基礎英語』を四月号より、予約数一、申込数（店出し用として二冊をプラスして）三と申し込むとする。ところが、発売日になっても、なぜか、一冊も来ない。あわてて、取次に問い合わせる。すると、「あっ、そうですか」という返事。または、「絶対数が少ないので、まわらなかったのです」という返事。こんなやりとりが、うちでは、一年前に六カ月ぐらい続いたことがあった。お客さんは頼んだのだから、当然くると思っている。うちも、ちゃんと処置をしたのだから、当然くると思っている。ところが来ないのである。何かの理由で送れないのならば、取次が当日もしくは前日に、申し込みがあったけれど、これこれの事情で送れなかったという電話をしてくるべきなのではないだろうか。それが約束事であり、それが商道というものではないだろうか。ところが、取次から、ことわりの電話なぞ一度もかかってきたためしはない。書店からの、苦情の電話により、やはり要るんですか、（と、口には出さないけれど）といった調子で、はじめて、そこから処置をしはじめるのである。どうせ、こうして、あとから処置をしなければならないのなら、はじめからちゃんとすればいいものをと思う。絶対数が少なくて、各書店の予約数通りに配本できないということは、いったい、どういうことなんだろう。ＮＨＫに、どうして部数を増やさないのかと、そのことで電話をしてみる。すると、現に、日販さんから返品がくるからという。どこでどう狂っているのだろう。〈前回配本数－返品数＝次回配本数〉という公式になってないのである。機械がこわれているのか、それとも、やはり、何度も言いたくないけれど、大書店をすべて優先し、いくら、返品があっても、大書店には一定部数を送るようなシステムになっているのだろうか。もちろん、うちだけがこんなイジワルをされているわけではない。他の書店からも、やいのやいのと催促はあるだろう。担当者はその部数調整に頭を痛めていると聞くが、実際、お客さんに言いわけのしようがない書店は、もっとつらいのである。そして、読者は、別な書店へと足を運ぶ。たまたま、別な書店では、山と積まれている場合がある。出版社にしてみれば、取次にしてみれば、一定の部数がさばければ、それが、どこで売れようがかまわないからである。

ただでさえ、新刊配本が適正でないうえに、予約数や注文分がこないような、現物がいかなければ、ないと思って下さい式の、そんないいかげんなことを、版元や取次がしていると、同じように書店もいいかげんになってゆく。来そうもないから、多めの部数を申し込む。減数されることを想定して、時には、嘘の予約数を書く。取次がいいかげんなことをすれば、書店もいいかげんになる。書店がいいかげんになれば、読者もいいかげんになる。来そうもないからといって、同じ本をあっちの書店にも、こっちの書店にも注文を出す。平然とキャンセルする。書店も、注文をしといて、いともかんたんに返品する。だから取次は、予約数を真に受けないのだという論理を、もしもするのなら、それは間違っている。最初に、そうさせたのは誰なのだ。読者は、わざと、あっちこっちで買っているのではない。書店も、好き好んで返品をしているのではない。最初からバランスよく入荷すれば、返品は減るのだ。歪みをつくるから、歪みが出てくるのである。

お客さんが、一冊の本を探しにくる。店にない。○日までに入るならば欲しいという。そこで、取次か版元に電話で聞いてみて、在庫があるならば、二、三日で入ってくるだろうと、最初は誰でもそう思う。ところが、まず、あるかないかの返事をもらうことさえ、すぐにはいかない場合がある。電話を受けるところと倉庫が離れているからである。出版社によっては、地代の高い神保町近辺に倉庫を置かず、地方に倉庫を置くところもある。おまけに、土、日は休みだし、書店からの直接電話注文をなぜか受けない出版社がある。岩波とか朝日新聞社とか暮しの手帖社など、多くの読書家がいい出版社だと思っているのが、実は、書店泣かせの出版社なのである。

一枚の注文短冊を、出版社へ回すのをたとえその日のうちにしても、出版社がまさか、注文がくるたびに、一冊の本を手に持って（十冊でも同じことだが）、または、車で取次に届けるようなことはしない。出版社によってではあるが、週に一度とか、週に二度とか、日にちを決めて、いわば、まとめて、取次に届けたり、また、取次に取りにきてもらうのである。だから、そこでもう、運がわるいと、何日か、もしくは、一週間、品物がストップしているわけである。出版社から取次に回った商品は、取次で各書店あてに分けて、書店に入荷するわけであるが、一冊の本が、読者のところまで届くには、何人もの人がたずさわるわけである。おそろしいことをいえば、その途中で、事故があっても不思議はない。注文短冊が、どこかの机の下に落ちたままになってしまったかもしれない。それとも、よその書店に品物が誤送されてしまったかもしれない。まだ届いてないいんですけれど、と調査を依頼しても、どこで事故が起きたかがわからないのである。何日までに、必ず入れます、などという返事は、出版社からも取次からも聞くことはできないから、書店は、はっきりした日にちを、お客さんに答えることはできない。ゆえに、二、三日では無理なわけである。一週間ならくる場合もあるが、一週間で必ず入れますとは、約束はできないから、二週間前後ということになる。なるべく、急いで欲しいのだけれど、と前置きをされても、早く入れる方法と遅く入れる方法、二通りあるわけではないから、かしこまりました、というわけにはいかぬ。結局、うちでは、いつでもいいですよ、といった具合のものしか、注文を受けていない。やはり、一応のめやすの、二週間でも入らない場合が現におきるからである。

前に一度お客さんに、「今日の新聞に載ってたんだけど、〇〇の『〇〇』ある？　なければ、注文をしますから入れといて下さい」と言われたことがあった。さっそく版元のS社に電話をしてみる。すると、「現在、品切再版未定です」と、えらく事務的な返事。「でも、今日、新聞広告に出てたんですけど……」「広告が出たからといって、在庫があるとは限りません」これまた、つめたい返事。「じゃあ、なんのための広告なんですか?」「在庫をお持ちの書店さんのための広告です」という。結局、その本は、新刊でもなく、ロングセラーでもなく、はたまた、売れ残って在庫を減らすための広告でもないというわけである。実におかしなことだ。広告が載ったのだから、当然、重版でもしたのだろうと思う。ところが、そうではないのだ。絶版でもなく、ベストセラーでもなく、新刊でもない、なんでもないような本が、広告だけ出しといて入らないこともあるのである。お客さんに、品切再版未定という返答をする。一応、信用してくれるお客さんはありがたい。ところが、そのようなケースの時、「別な店に注文を出したら、入ってきたよ」と、後日、言われたことがあった。別な取次の倉庫にあったのかもしれない。僕は、その時、この人は、まったく、いいかげんな本屋だと思ったのではないだろうかと思う。あの、S社の電話の、えらく事務的な女の声、お客さんの、注文しなかったんでしょ、もしくは、おたくの店が注文をしても駄目で、やはり、あそこなら入ってきたよ、と言わんばかりの声。そういう一日はつらい。しかし、なにも、ピリピリすることはないのだ。お客さんも、別に文句を言っているのではなく、バカにしているのではないのかもしれない。ただ。小さい書店のひがみ根性だけなのかもしれない。大部分のお客さんは、遅くてもいいですよ、と言ってくれる。よその本屋で見かけても、口に出さずに、のんびりかまえて、待っていてくれるお客さんがいる。何かの理由で急いでいる場合は別だが、こんな考え方はどうだろうか。特別な理由がなければ、その本を、二、三週間や一カ月、人より遅く読んだからとて、なんの違いもないのではないのか。しかし、品揃えがきまってないことや、注文品が遅いことを、読者の気持ち次第なのだとすりかえてしまうのは、僕の間違いかもしれない。

うまくいかないことを人のせいにし、自分に都合のいいことばかりをならべているような、結局は、自分が悪いのではないということだけを言いたかったふうに、どうも、受けとられがちである。ホントはそうではないのだけれど、と、もう一人の自分が思っていて、実は、あたっているのかもしれない。そのくらい、本屋の、この、こまかな、いりくんだ、いろいろな場合場合があるしくみを、なんとか伝えようとすると、五年そこそこしか経験していない僕には重荷なのか、「たとえば」とか、「しかし」とか、「けれど」ばっかりの説明文に終わってしまい、言いわけの、そのまた、言いわけを、ついしたくなる。

3　本屋にはいろんな人がやってくる

本屋は、不景気知らずといわれているらしいが、そうでもなく、店売だけでは伸び悩みで、さかんに外商のすすめがいわれている。しかし、セールスに歩くということは、僕はどうも気がすすまない。僕がセールスされる側に立った時のことを考えると、いわば、嫌いなのである。

こうして、店を開いていると、いろいろな売り屋さんがやってくる。一番多いのは、銀行、レジスター、その次に床みがき、広告とり、最近は来ないけれど、新聞、時には、水牛のつの、ややもすると、出版社の営業部より多い。実際、売れるものは、黙っていても売れるわけで、売れ足がどうも悪く、在庫を抱えてしまっているから、それを何とかさばこうと出歩くことになるのである。そうとは言いきれないが、どうも、そういう先入観があるから、セールスにくることじたい、強引であればあるほど、もう駄目なのである。そんなわけで、店に来たお客さんにパンフレットを見せて、こういう本が今度出ますが御予約して下さい、なんてことを、もちろん口にすることは、時にはあるかもしれないけれど、なかなか僕には言えない。なんか、たのまなきゃわるいんじゃないかという重荷を、お客さんにしょわしちゃうふうに思えるからである。甘いといわれてしまえばそれまでだが、本屋というのは、他の商売のように、お客さんのそばにくっついて、お客さんが本を手にした瞬間に、それなんかお買い得ですよ、なんて言わないところがいいところなんだから、やはりパンフレットなぞも、さりげなくわたす方がいい。だいいち、「AとB、どちらがいいですか？」とお客さんにたずねられた時、僕が「A」と答えると、きまって、そのお客さんは「B」を買っていくのである。これは不思議である。だから、僕はすすめたくないのである。人にものをすすめるほど、売る側は中味を知っちゃあいないし、わかることは、どっちが売れているかということと、この出版社より、こっちの出版社の方がよいだろうということぐらいで、本に限らず、選ぶということは好みの問題であるから、自信をもって人にすすめ、それを買わせてしまうということはできない。本屋の仕事というのは、いろいろな好みをもったお客さんが、本を見つけ出しやすいように、見てて楽しいように、買いやすいようにすることだけが仕事なのだと思っている。ただ、思うことは、売れていくものが、やはり、よい本なのだと思えるような書店づくりをしていきたい。

それにしても、うちに物売りにくる人たちは、実におかしい人たちが多い。まず、自分は何者であるということを言わない。突然、責任者の方いらっしゃいますかとくる。いったい何事かと思う。何か悪いことでもしたのかなと思う。どちらさんでしょうか？　なんの御用ですか？　と、いちいちこちらが聞かなければ教えてくれないのである。僕なぞがレジにいても、主人には思えないから、僕が、うちは必要ないですと答えても、御主人に会わせて下さいとくるから、しかたなく、今いませんとなってあきらめていただくわけであるが、ふつうは、私は何々というものですが、何々の件で来ました、と最初に言うのがセールスの基本なのではないだろうか。電話の時もそうである。電話がかかれば、僕はお客さんと思うから、当然、お客さんへの態度で接していると、なんのことはない、投資かなんかのセールスである。「うちは、そういうのはやらないんです」とことわっても、むこうは二押し三押しする。話のきれめに、「けっこうです」とことわりの文句を入れるのに苦労する。すると、あちらの最後のセリフは「けっこう毛だらけ猫はいだらけ。ガッチャン」であった。

ものを売る作業というのは、ものを作る作業とくらべて、たとえば、出版社への就職希望者は、営業よりも編集の方に人気があるように、売るという言葉自体が作るという言葉に負けてしまっている部分がある。実際、作る作業というのは、人それぞれ好みがあり、また、好みを出すことが作る作業であるから、そこに集まった人数分だけ衝突が起きる。しかし、売る作業というのは、簡単である。答えは、一つなのである。人気商品は目のつくところに並べ、めったに動かないものは、比較的場所の悪いところにもっていく。A書店で売れるものは、やはりB書店でも売れ、C書店だけでしか売れないものなどというのはめったにない。どこにいっても同じような本が並んでいるというけれど、この地球には同じような人間が住んでいるからしかたないのである。いずれにしても作る作業よりは、売る作業の方が答えは一つということからして健康的ではある。だからといって楽であるということではない。本屋は、小奇麗に思えるだろうが、ホコリは多いし、荷物は重いし、まず、本屋で働くと、気管支と背骨をやられます。

僕の友達が比較的大きな書店で働いていた時、接客用語のありがとうございます、の言い方を、店長から抑揚部分まで教えこまれ、その言い方を聞かされたことがあった。そのまねを正確に伝えることはむずかしいが、少し鼻声で、妙なアクセントがあるやつであった。ちょうど、バスや電車の車掌さんのように「次は終点新宿！　御乗車、ありがとうございます！」っていう小田急線の声であった。そういえば、魚屋さんや八百屋さんの掛け声も、やたらイキがいいけれど、やはり鼻声で、おまけにリズムがあるから、きっと、車掌さんのように、なるべく小さい声で遠くまで聞こえるように、喋り疲れをふせぐ言い方なのだと思う。お客さんに対して、心のこもった、ありがとうございますを言おうと（もちろん、言おうと思って言えるものではないけれど）、時々、心掛けているつもりが、ふと、混雑した時など、「いらっしゃいました」「ありがとうございませ」などと口にしてしまう時がある。言い終わったあと、なんか変だなと思う。

ある時、僕は、この町のあるカメラ屋さんにカメラを買いに行き、コダックのポケットカメラとミノルタの（オスダケ）カメラとどちらがいいですかと、店にあるカメラを指さしながら、店の主人らしき人にたずねたことがあった。すると、その主人は、なんと応えたかというと、「あのね、おたく、どういう写真をとろうと考えてるの？」「……いやごくふつうの家族写真ですよ」「あのね、コダックのポケットカメラはね、一台持ってて、もう一つ、遊びでほしいといった時に必要なのであり……」と、御丁寧に説教された時があった。もう一つ、この町のあるカバン屋さんに、手さげのカバンを買いに行った時の話。僕が選んでいたら、そこへ、高校生ぐらいの男の子が学生カバンを持ってきて、把手《とって》のところが壊れてしまったのだけど、直すことができるでしょうか？　とやってきた。すると、そのカバン店の主人は椅子に坐ったまま、「どれ、もってきてごらん。あ、これ、だめよ。こういう部品は、メーカーにいってもなかなか入ってこなくてね。ま、あずかってもいいけど、日数がかかるよ。それでもいいの？」あれでも商売が成り立つのかと思うと不思議である。まさか、書店で、お客さんが、文庫本のことをタンコボンありますか、と聞きにきても、「あのね……」なんて、書店は言いはしない。

昔、アンケートをやった時、ある人の回答の中に、うちへの注文として、「本の上に鞄などの荷物を置くようなことがないように注意してほしい」というのがあった。ほんと、ごく一部の人だけなのだが、このようなことはいくつもあり、言いはじめたらきりがない。アイスクリームを食べながらは困るし、棚や本にもたれかかるのもなかなかである。あみものの本を選んでいるお母さんを、待ちくたびれた子供が、そのへんにある関係ない本をべらべらめくったり、落っことしたり、寝そべったり、その姿を見なければいいのだけれど、つい見てしまう。本来なら、お母さんに伝えるところを、子供に「こんなことしちゃ駄目だよ」とニコニコ言う。ニコニコ言っているつもりがひきつった顔になっているかもしれない。そのうち、「ホントにあんたがいると、ゆっくり本が選べやしない」などと言いながら、お母さんは子供の手を引っぱって帰って行くのであるが、さんざんかきまわして、悲しいことに買ってくれないのである。また、そういう場合に限って、「ここんとこ折れているから、まかんないの」とか、自分が選んだ『かぎ針あみ』という本を買っといて、あとで、「これ、かぎ針あみしか載ってないのよね」などと、わけのわからぬ理由で、取りかえにきたりする。お客さんに対して、買うの買わないのと言うのは、たいへん失礼だが、ホントに買う人というのは、文句一つ言わず買っていく。買わない人に限ってなんだかんだあるのである。本来なら、買う人こそなんだかんだあって当然と思っていたが、逆であった。

しかし、ここで、本の上に長時間荷物を置かないで下さいとか、漫画の立ち読みをする時、棚によりかかるのはよしましょう、などという貼紙をもししたらどうなるであろうか。その注意書きを特に読んでほしい幾人かの人は、その貼紙に全然気づかず、なぜか、そういう貼紙が目に止まってしまう人というのは、本来、その貼紙を見なくてもいいような人たちなのである。

結局、本屋でどうのこうのというルールではない。こういうことは外でもある。電車が満員なのに、平気で座席の上に荷物をのっけている人や、前がふさがっているのに、げんこつで背中を押す人や、こっちが降りようとしているのに、乗っかってくる人や、いや、これは、人を責めるわけにはいかぬ。あの、まっくろな国鉄南武線。同じ料金を払っているのに、ベンチのないところで、さんざん待たし、やっと来たと思ったら快速。こんどこそ来たと思ったら中原止り。おまけにアナウンスがないので、走ってくる電車の第一車両の掲示板を見落としたら最後。ようやく来て、ドアが開けば、たちまち発車のベルは鳴り響き、これでは、町での買物だって、人を押し分けて買うようになるのは当り前の話である。

町の病院の、待合室に行ってみよう。重症の患者もいるだろうに、子供がふざけて走り回っている。どちらかというと、僕は子供に注意をしない母親に腹が立つ方だから、さぞかし、看護婦さんや先生は頭に来ているだろうと思うと、ところが、注意をするどころか、元気だねとか、いたずらしている子がいれば、手伝ってくれてるのなんて話しかけたりするのである。やはり、見ないふりをしてイライラしているより、そういう姿の方がステキである。腹が立つということは、決して、その人に対して腹が立つということではなく、自分がうまく、その場をまーるくすることができないことに、腹が立ちイライラするのである。

こうして商売をしていると、いろんなことがある。近くの商店から両替にくる。もちろん、たまに両替するのはお互い様であるわけだが、それを毎日のように来たり、ひどいのになると、ハイコレといって一万円札をレジの上に置いて、そばにある漫画を読み出す男がいた。最初、なんなのかわからない。本を買うのかなと思って、何でしょうかと尋ねると、「五千円と千円と百円玉」なんていっちゃって、漫画のつづきを読み出すのである。何日か続いて、こちらが嫌味を言うと、それっきり、パタッと来なくなった。来なくなると不思議なもので、たまには、両替に来てくれてもいいのになと思う。

4　リュック背負って本を買いに

最近、仕入れに行っている。僕は車を運転することができないから、山登り用のリュックサックを担ぐことにした。これならば、両手に段ボールや風呂敷づつみを持つことができる。しかし、あまりこういう姿は町中では見かけない。普通は、車かオートバイを使う。歩きの人はせいぜい、ボストンバッグとか、ショルダーバッグとか、変わったところではショッピングカーもいる。いずれにしても、歩きの人は、背中も両手もという持ち方はしない。どうも僕は、根が欲ばりなのか、せっかくここまできたのだからという気持ちがぬけなくて、つい量が増えてしまう。

どのくらいの重さかというと、後ろに二〇キロ、前に二〇キロである。合計四〇キロを一瞬もち上げるのは簡単であるが、それを下ろしたり担いだり、あの、お茶の水の坂道や、駅のホームや階段を登り下りしていると、しまいには、手と足がワナワナワナとふるえてくる重さである。

はじめからバランスよく本が入荷してくれれば、あわてる必要もないのであるが、かといって、こうして時間と労力をかけても、やはり、ベストセラー商品と少部数の本は入れにくく、期待すればするほど、失望感と、ややもすると、復讐心までもしょってくることになる。

実際、わりに合わないということで、仕入れに行かない書店の方が、多いはずである。また、行きたくとも、人手が足りなければ出かけられないし、あまりに遠ければ無理である。少なくとも、電車賃と労働時間給が出るくらいの、質と量を持ってこなければ意味がないのである。

開店のころ、定期券まで買って、はりきって仕入れをやり、やめてしまった経験がすでにあるから、またいつやめることになるかもしれない。新刊の中には、一日で売り切れたり、数時間で売り切れてしまう本が、書店と同じように、問屋にもあるから、行くからにはまめに行かないと、仕入れの効果が出ないのである。そんなわけで、明日も行こうと思う。気持ちだけはそうなんだが、やはり、身体の具合や、それだけが仕事ではないから、週に二回ぐらいが今の僕には限界のようである。

仕入れた本が、その日に売れていくと嬉しいし、注文品が意外に早く入ったことで、お客さんが喜んでくれればやりがいもある。実は、その他にもある。こうして、本を売ってばかりいると、仕入れに行くことによってしか、本を買う楽しみは味わえないのである。

まず、お茶の水の日販に行く。店売所は、うちの店の十五倍ぐらいの大きさだろうか。これだけ本が揃っていれば、さぞかしありそうなものだが、仕入れてこようと思っている本、つまり初回配本数が足りない本や、急に売れだした本や客注品などの一〇パーセントか二〇パーセントもあればいい。日販とは取引をしているから、拾った荷物を、送りにしてもらうことができるが、荷物が一梱包にならない場合や、急ぎの場合は持参するわけである。

日販を出て、鈴木書店に立ち寄る。ここからが現金仕入れである。ここは一風、品揃えが変わっている。華やかな出版社の本は扱っていないが、なんかこう、地味な本が並んでいるのである。少しばかし時間を忘れさせてくれる問屋である。

次に、すずらん通りの裏手にある問屋街（通称神田村）に足をのばす。東邦書籍、明文図書、松島書店、弘正堂、太洋社、東武書籍、安達図書、文苑堂、三和図書、村山書店、その他にも数軒あるが、この問屋は〇〇社が比較的強いとか、この問屋は〇〇系が強いとか、小さいながらにそれぞれ個性がある。時には、神保町近辺にある出版社に直接買いに行く場合もあるが、こうして、何軒か回っても、やはり、絶対全部は揃わない。しかし、小回りのきくこれら小さな問屋には、日販の通常の配送より、いわば、一日か二日、日曜日をはさむと、もしくは、三日か四日、早く、新刊本が出回っている。つまり、都内の書店で見かけたのに、うちで買おうと思って、たずねにきてくれたお客さんに、うちが、いや、まだですね、きっと、発売が遅れているのでしょう、などと答えでもしたら、おかしなことになる原因がそこにあった。雑誌と違って書籍の場合、何の発売日を基準にして、遅いとか早いとかいうのが僕にはわからない。とにかく、それが、うちに少ししか入らない本だとわかっている出版社の本に出会えば来たかいがある。また、そういう本は、数時間で売り切れたりする。こうなると運である。必然的に急ぎ足になる。時には午後の便で入る予定だなんて聞かされると、午後っていったって、何時かがわからず、一度出た問屋を、帰りがけにもう一度寄ったりする。商売熱心といえば聞こえはいいが、自分でもあきれるくらい、がっついてくる。しかし、これをのがせば、もう、何日かは手に入らないと思うからしかたがない。もちろん問屋によっては、売切れといいつつ机の下にかくしているところもある。事前に予約の注文書を書いたり、一冊でいいから、なんてお願いしたり、なんとも、さえない話である。先客が机の下から受けとっている様子をまねて、僕も同じように「それ欲しいんだけどな……」なんて言えば、「ない!!」と冷たく言われたり、「何冊?!　二冊ならいいよ」と、怒られぎみに分けてもらえるわけだが、そんなにまでして、ベストセラーを追いかけなければならないのかと思うと、なさけなくなってくる。追いかけているといえば、かっこうはいいが、実は、ベストセラーに追いかけられているようなものなのだ。

だいたい、ベストセラーといったって、売れるのは一時期だけなのであり、年間を通した売行冊数は、もしかすれば、ベストセラーと騒がれないで、コンスタントに読まれている本の方が売れているかもしれない。だから、ベストセラーを追いかけず、ロングセラーを充実させよという言い方もあるけれど、長い期間にわたって咲く花も、短い命とわかりつつ咲く花も、どちらも僕は欲しいのである。

何軒も歩いて、何度もたずねていると、「○○ありますか」と聞こうと思っているはずが、最後には、つい、「○○ない……でしょうね」と聞いたりしてしまう。ところが、おかしなもので、必死に探しているものが、あるところに山積みされていたりすると、あれ！　これ、意外に売れないのかな？　と、ちょっと、つかむ冊数が違ってくる。品薄なものは焦り出し、量が多いと、ちょっと敬遠するような、たぶん、読者も同じだろうと思うが、平積みの山の中で、谷間になっている本が気になるのではないだろうか。ところが、本屋はわざと、へっこましたり高くしたりしている場合もある。

また、つられて買ってしまうということもある。他の人がごそっと持っていくと、ややや！　と思う。これと似ていることは、書店でもあるような気がする。急に、レジが立てこむのである。今まで、ひまだったのに、一人レジの前に立つと、続けざまに集まってしまう。どうして、一定間隔で来てくれないのかなと、こちらは勝手に思うが、これは不思議である。なんか、チンジャラジャラジャラにつられてしまうのではないだろうか。

また、買いたい本があっても、買わない時もある。何種類かをまとめて買いたいのに、その店に一種類しかないと、おまけに、カウンターが混んでいたりすれば。なにせ、本の正味というのは、各出版社で違い、そのうえ定価別に違い、八割一分五厘なんていうのもあるくらいだから、計算するにも、定価と部数と掛率をかけて十銭の位を四捨五入しないと、わりきれないのである。つり銭も、当然、一円玉が必要で、パッパッとは買えない。そこで、先客が三、四人もいると、時間ばかりくってしまう。また、「これ、入りましたよ」と、時には声をかけられることも意外に悪い気はしないものである。たとえ、それはもう、他で済んでしまったものでも、お客の買う本をおぼえていてくれたのであるから、悪いわけはない。僕は今まで、ひかえていた方で、「こんな本が入りましたよ」と声をかけることは、かけたくともひかえていた方で、それは、もし、お客さんがもう済んでしまった場合、ことわりづらいだろうにと思えたり、また、せっかく声をかけたんだから、あまり欲しくないけど、買っちゃおか、なんていう気持ちで買うのはわるいと思ったりしたからである。というよりも、明るい感じで、「入りましたよ」と口にする間がつかめないからかもしれない。

また、問屋を十軒も回ると、好みが出てきて、なるべくあそこで買いたいとか、あそこは一番最後に回ろうとか、また、どうも、あそこの店は、かんじんなものがいつもなくて、でも、ついないものをたずね、買わずに帰り、結果的に毎回ないものばかりをたずねて、買わずに帰る店ができてしまう。店側にしてみれば、あの客は、ないものばかりを選んでたずねるなと思うけれど、これは、いたしかたないのである。そう思われるのもいやだから、そのうち、全然たずねなくなり、素通りしてしまうことになりそうなのだが、こうなると、本屋と同じである。いずれにしても、ないものを聞かれたり、時には不満をぶつけられたりするうちが花で、もう、なにもお客さんに期待されなくなったら、おしまいのようである。

注文短冊に、十とか二十とか書いても、入荷する時は一、二冊に減数され、では今度、一枚につき一冊書き、合計二十枚書いてもホチキスでとめられるし、売行良好書を希望数通りに入れるのはむずかしい。まして、少部数の本を、大書店が買い取ってしまうなんていう話を聞くと、なおさらのことである。

また、特別、ベストセラーでなくとも、注文短冊が「品切」とか「重版未定」という、赤いハンコを押されてけっこう戻ってくる。取次経由で出版社に回したはずの短冊がものによっては出版社まで行かず、取次で押されているのだ。取次はいくつかの会社名の入った「品切」というハンコをいつも手にもっていて、もちろん、たのまれてしかたなく押しているのだろうけれど、「品切」って短冊が戻ってきたからといって、それを真に受けているとえらいめにあうのである。赤いハンコがまっ赤な嘘だということに腹をたててもはじまらない。そこで、仕入れに行くことになったのだが、仕入れに行く効率よりも、各出版社に挨拶回りをした方がいいとすすめてくれる人もいた。いやないい方をすれば、○○社には、菓子折りの一つでももって、おたくの本を売らして下さいと、いわば、頭を下げに行けというのだ。「初回配本をもっと増やして下さい」という用件だけで、どこの本屋も同じ目的なのに、その他に何を話したらいいのだろう。こっちの情報、あっちの情報を交換し、コミュニケーションをはかるのだという。品数より注文数が多い場合、どうしても顔つなぎのある書店を優先するのが人情であるかららしい。しかし、自然に仲よくなるのならいいのだけれど、呼ばれてもないのに、ノコノコ出かけ、歓迎されているんだかされていないんだかわからないようなところへ、僕は行く元気がない。

ならば、僕に出来ることは、モクモクと仕入れに出かけるしか、今のところないのである。期待した本がない空しさを始終味わいながらも、やはり来てよかったと思える、思いがけない本に時たまは出会い、ちょうどお客さんのように、本を買う喜びを味わいつつ、それらをすべて、しょってくる方が僕には似合っている。

5　ぼくの店は急行の停まらない駅みたいだ

仕入れ先でポラーノ書林さんと会う。ポラーノ書林さんは、今は東横線菊名の駅前に店を出しているが、その前は、元住吉で営業をしていた。まだ、菊名の店へは僕は一度もうかがったことがないが、三、四年ほど前、元住吉の店の時、一度見学させてもらったことがある。

そのころのうちときたら、昼間なぞ誰もお客さんが居ず、そのちょうどいない時に、版元や取次の人が元気ハツラツにやってくると、なんか肩身のせまい思いを何度か経験した。ホントお客さんが来ないと、なにか悪いことしちゃったのじゃないだろうか、なにか悪いうわさでもたっているんじゃないだろうかと思えてくる。商売というのは、暇なくらい疲れることはなく、売れれば売れるほど、疲れは壮快で（そうでもないが）売れれば売れるほど、品切れをふせぐことができるしくみになっているため、休みなく、働かされているようなところがある。

実際、「本屋のやり方」という本があるわけじゃなし、こういう並べ方、こういう売り方をするのだというふうにきまっているわけでもなく、だから、店によってやり方はかなり違うようである。たぶん、これでいいのだろうという根拠も、たまたま、最初に見習ったところでのやり方をまねているにすぎず、本屋というのは、ひととおりのしくみがわかればあとは応用であり、まったくきりがない仕事量をいかにこなすかというところにある。というよりも、実をいえば、そのうちの何を略してしまうかによって、それぞれの書店の違いが出てくる。人の意見も、よその棚も気にはなるが、それでいて、人がなんといおうが、おれのやり方が正しいんだという、けっこうがんこなところもある。つまらない話だが、書店は、立地条件と坪数だけで勝負がきまってしまう。同じものを同じ定価で売っている以上、当り前の話だ。

店を閉めてから、電車で二駅か三駅の書店を見て回る。○駅の○書房なぞはすごい混みようで、しかし、棚はめちゃくちゃで（僕が気づくぐらいだからかなりめちゃくちゃで）うす汚れた返品不能品の中に新刊本はまぎれ、ところどころにあるセットものは、あいたところがあるから埋めちゃった、ないから返しちゃったというやり方で、本はたおれ、全然、本が入っていない棚もあったりして、その当時、うちにはスンナり入らないような新刊が無造作に本の上に積んであったりした。店の奥の通路では、パートらしき人が監視をかねながら、段ボール箱にこしかけ、本の上で、文庫カバーを折り、そろそろ閉める時間がきたのか、ごっつい男の人が軍手をしてあらわれ、棚から本をぬき、通路に置いてある段ボール箱に、スポーン、スポーンとおもしろいように投げ入れる。それにしても、次から次へと人は入り、やはり、売れているらしく、雑誌の高さ、新刊の冊数、レジのうち鳴らす音をうんと聞いた。

その日、同じ駅の線路の反対側の奥に見つけたのが、ポラーノ書林であった。時間が遅かったせいか、やはり、駅から歩くからか、駅前の書店のように人は居ず、けれど、ひっそりとした中に、本はあり、それも全体にかための本がピシッと揃っている不思議な本屋さんであった。

ところで、うちはどちらかといえば、やり方も品揃えも、すべて、オーソドックスで、なんの特徴もない本屋である。開店する前に、二年ほど世話になった旦那さんに、自分の趣味で仕入れちゃだめだよという、やさしい忠告が、今も僕の頭のスミにあり、だからというわけではないが、好みの本が棚を占めているわけでもなく、ホントに、スキキライなく、もちろん、多少はあるが、とにかく、売れる売れないの基準でしか、本を揃えようとはしなかった。昔、『どてらい男』が売れてたころ、鈴木書店（問屋）で、『岡本かの子全集』を見つけ、欲しいなと思ったが、なぜかあきらめ、『どてらい男』しか買わなかった思い出がある。売れるものを揃える。読者から、求められる比率が高いものをまずは揃える。いってみれば当り前の話だが、そして、そういう中で、同じような売れ行きならば、Aを選ぼう、Bを切ろうという、その程度の選択だけでしか満足していなかった。

また、僕は、バカ正直なところがあって、たとえば、ある本が、上、中、下と二カ月おきに出るとする。しかし、下巻が出るころには、上巻の返品期限がくるために、上巻を返してしまい、上中下と、棚に揃ったためしがないような、まるで読者を無視したような、実に事務的なやり方を、僕は平気でやってしまうところがある。これは、極端な話であるが、もうしばらく置いておきたいなと思うような本でも、期限がくれば返してしまい、期限までめいっぱい置いたんだから、期限までめいっぱい置かなかった本よりは、売ろうとしたんだから、ゆるして、なんて、そんな、ちっぽけな気持ちで、そして、あとになって、あの本ありますか、なんて聞きにこられたら、なぜ、あの時買わなかったのかな、なんて、心の中でお客さんのせいにしたり、注文してもいっこうに来ないような出版社には、いつか仕返ししてやろうなんて、不健康な考えもいつしか生まれ、与えられた本の中でしか棚をつくろうとはしなかった。お客さんが、揃っているねと言えば、そんなことないですよと言いながら、内心、そうでしょと思い、どうしようもないなと言われれば、いっぺんでしょげかえる、そんなたわいない、もろいがんこさであった。

ポラーノさんが開店の時から、仕入れに行っているという話は、ある出版社の人からすでに聞いていたけれど、まさか、取次（東販）からの新刊送本が、週に二回、二箱ぐらいだということは聞いていず、びっくりしてしまった。うちみたいに、毎日四箱も来ないわけで、それだけでもやり方が違うから、自然と品揃えも違ってくる。揃わないことを人のせいにする習慣もなく、揃わなくともバタバタせず、たよるものは、自分の目と足しかない。今は、ショイコから、サザエさんの布バッグとふろしき包みに変わった、サンダルばきのポラーノさんと、帰りがけ、神保町の喫茶店で、紅茶を飲みパンを食べながら、少し話をする。

ホントに、ポラーノさんは、本が好きらしく、売るよりも、買う方の口で、だから、あまり売ることに関しての話はしたがらない。『がんばれタブチくん』売れてるねなんて、漫画を追いかけている僕は、だんだんみじめになってきて、だって、ポラーノさんは、雑誌と漫画はお兄さんまかせで、スキな文芸書だけを担当し、仕入先では実績があるし、やはり買い方が上手だから、机の下から受けとる本の量には差があるし、僕はまけじと、問屋をせかせか回る。ますます、みじめになってくる。おまけに、ポラーノさんはショートピースで、僕はショートホープだ。見るテレビはといえば、ポラーノさんはラグビーで、僕は血の出るプロレスだ。

書店の棚構成というのは、たぶんどこも同じだろうと思うが、Aという分野の売上げが伸びて、Bという分野の売上げが落ちていけば、Bという分野は棚を狭くしていくのである。これが、自然であり、正しいはずである。売れるものを置く。言い方を変えれば、みんなの欲しているものを、より多く置く。これが、商売としても、サービスとしても正しいはずである。しかし、このごろ、だんだんその考えがくずれてきて、そうとは言いきれないような気持ちにもなってきた。

たしかに、どこそこの書店は、何々を何千冊売ったとか、何百冊だとかいう話を、なんらかの話に聞いたり読んだりすると、わけもなく不快になり、また、数字が正しい、統計がものをいうみたいなことを力説されると、数字ではわりきれない部分が頭に浮かぶ。

しかし、良書が売れなくなったとか、どこに行っても同じような本が並んでいるという話を聞くたびに、つい、反論したくなる気持ちも僕にはあって、必ずしもそうではないし、だいいち、良書というのは、人それぞれ違うわけで、ある人にとってはAだけど、ある人にとっては、AではなくBが良書なのである。

商売というのは、実際にお客さんが欲しがりそうなものを置くわけで、それが、限られたスペースの中で置くわけだから、あれもこれもは無理だけど、本屋の商品構成というのは、その本屋に集まる、お客さんによって、決まるはずだと思うのだ。お客さんの望むものが、結局は、置かれていくのである。だから、もし、この本屋は、意外にいい本が揃っているなというのは、けっして、その本屋の主人がいい趣味だからなわけでもなく、たまたま、そこに集まるお客さんが、いい趣味だったわけで、だから、もし、この本屋は、ロクなものがないなというのなら、その本屋に集まるお客さんが、ロクでもないものしか求めないからだといっても間違ってないと思う。そこに集まるお客さんが、長い時間をかけながら、無意識に、棚構成に参加しているのである。そういう、お客さんを持てるか持てないかの違いだけなのだ。

十代のころは、人より変わったこと、人と同じじゃいやだという生意気な気持ちがあったが、二十を越してから、この世で一番素晴らしいことは、ふつうであること、と思うようになった（もしかすれば、もっと生意気になってしまったのかもしれないのだが）。もちろん、人それぞれ違いがあって、僕の考えるふつうは、ふつうでないかもしれないが、一見変わってて、中味はふつうというよりも、一見ふつうで、中味はちがうという方に、僕はあこがれる。この話と品揃えとは関係ないかもしれないが、三十を越して言いきることの自信が持てなくなってきた。

何年も前に比べれば、だんだんとお客さんは増え、一冊しか売れなかったものは、二冊売れるようになり、五冊しか売れなかったものは、十冊売れるようになった。いったい、僕の売りたい本というのは、何なのだろうか。いや、僕は、父の商売だった、紳士服を売るよりも、本を売りたかっただけで、本は、みんなスキなのだ。いや、たしかに、本の中には、本じゃないようなものもある。これは、売れるな、と思った本が売れれば楽しいし、どうして、こんな本が売れるんだろうという本の売れ行きが止まれば、安心するし、たぶん、売れそうもないな、でも、一冊ぐらい置いておきたいなという本が、いつのまにか売れてくれれば、これ、誰買ったの、なんて聞くこともある。そういう、地味な本が、売れて行く時、喜びがある。

昔のように、『岡本かの子全集』をあきらめ、『どてらい男』だけを買ってくるようなことは、もう、しなくても、もう少し勇気を出して、たとえば、『岡本かの子全集』を売るために、たとえば『どてらい男』をもうんと仕入れるようにしよう。この考え方でよいのだろうか。A書店でも、B書店でも、C書店でも『どてらい男』は置いてあるのだから、置く必要がないのではないか。ともいえる。言葉では、何とでも言えるから、よけいわからない。小さな町の小さな本屋は、ちょうど、急行のとまらない駅のようなものだ。なおかつ、これといった特色のない町での本屋は、いったい、何に特色を出せばよいのかわからない。同じ町に住んで、同じ町の人と歩む。

6　本が好きだと、いい本屋になれないか

本を知らないことに関しては、かなり徹底していて、僕はもう、知らなくても恥ずかしくないいみたいな気持ちになってきている。僕より知らないうちのなんか、開店当時、お客さんに『FMファン』をたずねられたのに、「はい、ございます」と言いながら、すまーして『SMファン』を出してきたことがあるくらいだし、つい最近だって、あるお客さんが新書判の本を買って帰って、あたまのところの断裁がそろっていないことに気づき、とりかえてほしいと言ってきた時も、実は、その断裁が正しいのだけれど「あ、ほんとおかしいですね」と言って、全然おかしくないのに「ちゃんとしたのをとりよせます」と言ってしまったくらいである。ふだん、読む本といえば、TVドラマのあらすじや結末を知りたいがために、本をうしろから読んじゃうような、どこそこの高校から何人どこそこの大学に入学したとかが載っている週刊誌とか、なんともひどい読書である。そういう僕も、昔から大差はなく、たとえば、『専門家

は保守的だ』という片桐ユズルの言葉だけで、やっぱりセンモンカになるのはよそうとか、『堕落論』を読めば、なんて堕落するのはかっこいいんでしょうと思い、はては、紀伊國屋のブックカバーを手にし、『ビート・ジェネレーション』とか、河出書房の『O嬢の物語』なぞを持ち歩き、得意になっていたところがある。そして、五木寛之のことを、わざと五木ひろしと混同する友達と話していても、あの作品はどのように素晴らしいという話よりも、あいつはどうしようもないなという話の方に力が入り、どうも頭の程度が知れそうだが、今、思い返すと、もっと読んでおけばよかった、読める時間があんなにあったのに、あまりに自分の読んだ本の量や種類の少なさに後悔している。

「アベキミフサの本ある?」と聞かれても、一瞬、誰のことだかわからず、あとで、安部公房のことだとわかったのだけれど、本名はキミフサだとは知らないから、恥をかいた。本の題名のわからないやつなぞ、「これ、何て読むの?」などと、知っていて僕をためそうとする意地悪なお客さんもいて、当然、僕は「わ、わかりません」と答えると、同じWなのに、やっぱりWASEDAとWAKOの違いだなといって笑われる。そんな時、もうくやしさはなく、たしかに漢字ぐらい読めたらいいのになと思うには思うが、結果的に、お客さんに優越感を与えたのだから、けっして、商売として失敗ではなかったと、負けずぎらいの僕は思うのである。お客さんに、「きのう戴いてったあの本は、よかったですね」と、話しかけられても、答える返事が、「ああ、そうですか」では、なんかたよりない。たまたま、その本を読んでなくて、それに関連する他のことをある程度知っていれば、少しは話はつづくのだが、たまたまどころではないし、背のびする台もころがってないから、「ああ、そうですか」の後、さっぱり話がつづかない。ならば、うまい聞き役に回り、そういった雰囲気をお客さんと一緒に楽しめたらよいのだが、意味が通じない言葉が一つでも出てくるともうだめで、話がなんだかむずかしそうに感じてきて、このへんで、あいづちを打たないと、へんに思われるかなみたいな、つまらないことの方が気になり出し、しまいには、息苦しくなってきて、話し終えるとホッとし、ためいきをついては、へとへとになる。

ある時、お客さんに、「店のことでなにか、こうしたらいいのに、なんて思うことありますか」とたずねたら、「棚については、どうせこの広さ分しか本は置けないんだし、それなりにやっているみたいだから、それよりも早川さんに望むことは、もっと本をよく知っていてほしいということです」と言われてしまった。「自分が新城の本屋を利用しなかったのは、渋谷の○○堂に読書相談コーナーがあったからで、そこに○○さんという人がいて、その人がすごく本を知っていて、よく出かけてはいろいろ教わり、たいへん勉強になった」という話であった。だから早川さんもあまり商売に夢中にならず、本を読む時間をつくった方がいいですよ、というやさしさからの忠告だと思うのだが、僕はなんか、ここでも根がいじけ、くやしくなっちゃって、やつあたりをしたくなってしまった。読書相談コーナーを僕が受け持つなんて、到底考えられないし、また、そのためにヒトを頼むとか、そういうコーナーを、今の本が置ききれない店の中につくること自体、今の僕の頭の中では無理な話で、出来っこないからついつい反論したくなる。しまいには、そんなのあること自体おかしいなどと、僕は口走ってしまうのであった。だって、「私は何を読んだらいいのでしょうか」とか、「この本の類書は何ですか」などと、人にたずねて、簡単に答えを得ようなんてこと自体、いばれたもんじゃないんだし、本来は、本は、自分で探し、時には、捨てたくなるような本を買ってしまったり、そうした失敗を重ねながら、毎日失敗を重ねながら、ひとりで本を探すことが本当の本好きなのだと僕は思うのだ。だいたい、○○の入門書は○○である。なんてことは、人によって絶対違うのだから、読書相談を受け持つ方も受け持つ方である。

話が極端になってしまったようだけれど、さらに、調子にのって言ってしまえば、

「当書店は、厳選した良書のみ置いてます」といった、児童書専門店の話を聞いた時も、僕はなんかへんな感じをもった。もちろん、全国の書店がみなそれぞれ、何かの基準で何かをけずり、何かを選んで棚に本を並べているわけだから、どういうやり方をしたって、けっしてその店のやり方が間違っているというわけではないのだけれど、「良書を選んでます」という良書という言葉を出すことが気になるのである。商売の宣伝文句としてはあってもいいが、それが正しいのだみたいな雰囲気がこわい。それでは、悪書としてふり落とされた本がかわいそうである。「子供の本は、大人の本と違って、自分で選べないから、こちらが選んでやらなければならない」らしいのだが、ならば、よけいそうあってはいけない気がする、良書といわれる本を読ませようとするお母さん方の顔よりも、僕は、あのギンギラギンのウルトラマンの本を、たとえば兄弟で買いに来て、「お兄ちゃんいいなー」といって、弟がうらやましがり、おつりを待っている子供の顔の方が僕は好きだ。書店は文化の担い手だとか、書店は、本を売るだけではなく、知識をも売る商売であるなんてことをいったい誰が言い出したのだろう。そんな、うぬぼれちゃっていいのだろうか。なにも、書店の人や読書サークルみたいな団体が、良書、悪書を選び出し、良書が売れなくなったねなんてつぶやく必要がどこにあるのだろう。僕も勘違いしがちのところがあるけれど、良書っぽい本を置いているから、いいっぽい本屋ということではないのだ。本が好きになるきっかけなんてなんでもいい。それぞれの人がそれぞれのものを自由に選び出せるような店づくりをすることだけが、売り手側の仕事なのではないだろうか。一冊の本が、著者から読者へ、その間に位置する出版社、取次、書店の人たちの仕事というのは、ただの運び屋なのである。運び屋として完璧かどうかということである。すくなくとも、僕や僕のまわりは、正確で、スピーディで、適正な運び屋としてまだまだだから、中味の好き嫌いは言えるけれど、良い悪いはとても言えないのである。

一年程前、M書房という出版社に、本の申し込みの電話をした時、僕はいやな思いを味わったことがある。「おたくの地域では売れないんじゃないんですか。うちは、主要なところにはすでに置いてあるから、別におたくで置いてもらわなくてもいいんですよ」とは言わなかったけれど、そんなようなニュアンスで、むこうが接した時、もちろん、僕の話し方も悪かったのだろうけれど、僕は電話を切ってから、「今の話、なかったことにして下さい」と申し込みの話をことわろうと思ったくらいである。装幀が地味で落ちついた雰囲気をもっているM書房の本が、ホントは地味なのではなく、あれは冷たさなんだと思った。あんな冷たい本を置くよりも、あったかい装幀の、たとえば、景品までついてくるような、そんな出版社の本をうんと置きたいなと思った。しかし、あとで考えてみれば、M書房の言葉は、僕みたいに気分で本を揃えようとするいいかげんな本屋へのいましめだったのかもしれない。それから何日かたって、案内書が送られ、やっぱりいいかげんな僕は、揃えたい気持ちに負けて電話をしたら、今度は違う人が出て、すんなり話が通じたのだが。結局、出版社がどうのこうのではない。取次がどうのこうのではない。結局は、ヒトなのである。運よく、肌が合うヒトと出会えるか出会えないかで随分違う。

最近あった出来事といえば、昼間、うちの新刊棚をチラッと見て、出て行こうとし、また、ヒョイとひきかえして、「店長、いらっしゃいますか」と入ってきた男がいた。僕は、あ、また、きっと、床みがきかなんかのセールスだと思って、すぐことわる用意をしながら、「なんでしょうか」と言うと、名刺を出され、そこには、K書房と書かれてあった。一瞬、僕は、うちの棚にはないし、今まで流れてきた憶えもないし、なんか思い出そうとするのだが、どわすれしちゃったようなかんじになって、「どういった本を出しているんでしたっけ？」と聞いたら、「早川さんともあろうお方が、御存知ないなんて」と言い出した。なんか、気にくわない言い方するなと思い、僕は、もう、そこで、心がきまってしまった。『読書手帖』のことを知っているらしく、もしかしたら、「さぞかし……」といった勝手な先入観をもっていたのかもしれない。パンフレットを取り出し、「これは今、評判の本なんです」とゆっくり話し出した。言われてみると、それは、八木書店（問屋）で見かけたことがあり、なんとなく手にする気が起こらなかった本であった。むこうは、「今、売れていて……」と説明をしだすから、「じゃあ、客注があったら、八木で拾いますから」と言った。すると今度は、別な本を取り出し、「これは、どうでしょう」と言う。僕は首をかしげ、考えているようなふりをしながら、ああ、いやな時間だなと思った。ことわるのに、なんで、こう、気いつかわなくてはならないのだろう。「……そういう関係の本は、うちでは、売れそうもないから」と言うと、その人は、「おかしいですね。となりの駅の書店では、すごく売れているんですよ。すると、ここの地域は、どのように考えたらいいのでしょうね」と言う。そんなこと僕知らない。そりゃあ、置けば売れる本なのかもしれない。あの時、注文を出しておけばよかったと、あとで後悔する本なのかもしれない。ただ、なんとなく、その人の高姿勢な押しの強さがいやであった。「知らないんですか?」といった雰囲気で、その場を優位にもっていこうとする戦法が気に入らなかった。僕はむしろ、知れば知るほど、知っているという態度をせぬような、もしくは、知っていることが、恥であるような人間になりたいと思うのである。

本なんていうのは、読まなくてすむのなら、読まないにこしたことはない。読まずにいられないから読むのであって、なによりもそばに置いておきたいから買うのであって、読んでいるから、えらいわけでも、知っているから、えらいわけでもないのだ。

7　本棚が光ってみえるとき

春休みと夏休みの間、店を手伝いに来てくれた女の子は十八歳であった。はたからみると、レジの仕事は楽そうにみえるが、かなり疲れるはずなのに、よくやってくれた。言葉はハキハキしてるし、ハキハキしすぎて少し冷たいかなと心配したが、すぐ語尾にも笑顔が出てきて、笑売らしくなった。店に来る人の中には、仲人をしたいと申し出た人もあればデイトにさそう人もあらわれた。

実際、欲しい本がなくたって、お客さんはまた来てくれるけど、応対の感じが悪ければ、二度と来てくれなくなることもある。結局、人は、物を欲しいのではなく、あったかさとか、やさしさとか、安らぎとか、そういった充実感や満足感を求めているのである。

レジの奥の注文棚から本をとりだし、「この本は、あそこの奥にいるお客さんの分だから」って小声で、アルバイトのKさんに教えると、Kさんは、「ああ、あのオジイちゃん?」って、おっきな声で返事をした。そんな、おっきな声を出したら、聞こえちゃうじゃないかと、僕はハラハラした。また、ある日、男の子が「マンガ本入りましたか」と来た時も、僕が「あれ、まだ入ってないの。もう少し待ってくれる?」と言うと、その男の子、「この前もそう言った……」というから、僕は「ばれたか」とはまさか言えないから、また同じことをくりかえすと、Kさんは、がっかりした男の子の様子をみて、「かわいそー」と、これまた、大きな声で言った。むかし、「そんなこと言ったら泣いちゃうわよ。ほら、泣いちゃった」と、まるで第三者のように、解説されて泣かされてしまうように、あらためて、「かわいそー」なんて言ったら、僕の立場がなくなっちゃうではないかと思った。でも、その男の子、別な本を買っていったくらいだから、感じてないのかもしれない。どうも、三十一歳の僕だけが、こそこそと、いらぬ心配をしているようである。

そういうKさんのあっけらかんとした明るさというのは、僕には、忘れていた明るさであった。心の中で思ったことを、そのつど出していく。あまりに、あっさり言うもんだから嫌味ではない。僕も、そうなりたいと思うが、ついつい、雑音が入るから、どもったり、タイミングがずれたりしてしまう。思っていることをすぐ言えないから、当然、たまってしまうし、やっと言える時が来ても、なんか屈折して出て来るようだし、ああ、あの時、ちゃんと言っておけばよかったと、あとで後悔するが、言えなかったということは、何も意気地がないからなのではなく、相手が、言わしてくれなかったからなのである。よく、女の子のおしりを挨拶がわりにさわり、さわられた女の子も、別段、嫌がってないような、そんな、うまいさわり方を僕もしたいものだと思うけれど、やはり、駄目だろう。さわる前に、絶対、気づかれてしまう。

毎日、むかいのレコード屋さんから、当然のように、音楽が流れてくる。ひっきりなしに、おんなじ曲が一日に何度も聞こえてくる。疲れやイライラを増すのは、そのせいなのではないかと思えるくらいの音量である。もっとも、音量は不規則で、おまけに曲の途中でブツッと切れたりする。さぞかし、当のレコード屋さんは、商売とはいえ、聞きづかれでまいっているだろうにと同情すれば、中は、意外に静かだそうで、ちょうど、自動車に乗っている人が、自分の排気ガスを直接吸わないしくみになっているように、音の出口は外に向けてある。お客さんを呼ぶために、商売上しかたがないのかもしれない。そういえば、デパートの洋品売場でも、なぜか、音が鳴っている。聞くところによると、キャバレーというところでもそうらしい。音を楽しみに行く人など、誰もいやしないのにガンガン鳴っている、そうだ。何か、勘ちがいしているのではないだろうか。

その点、本の世界は静かである。本は読みたいものしか読めないのである。おもしろくない文章や、気にいらない絵や写真が出てきても、見たくないのなら見ないことが出来るのである。ところが、耳は、そう簡単にふさぐことは出来ない。うるさいなーと思えるくらいの音量を、外に流すということは、よくよく考えてみればおかしいのだ。聞きたくない人にまで聞かせちゃうのだから、これこそ猥褻《わいせつ》である。

六年前、店をひらくつもりで、はじめて、この町に来た時の印象は、なにか、むりやり商店街をつくったような印象であった。福引所だけが行列していて、造花のかざりつけが妙に派手派手しく感じられた。それでも、僕は東京よりはよくて、商店会の旅行なんかにも参加しちゃって、さぞかし楽しいだろうという夢もあった。ところが、何度か集まりに出席しているうちに、「まあ、いいんじゃないんですか」という雰囲気に失望し、学校のホームルームの時間をなつかしく思った。反論や反対が必ずあって、いつも、まとまりがなかったことをなつかしく思った。そういえば、アルバイトのKさんも僕と同じ高校なのだが、僕がいたころは、まだ、制服があり、ホームルームではいつもやりあっていた。「それは、自由のハキちがいだ」とバカな連中が言えば、一方のバカな僕らは「自由というのは、何が何でも自由なんだ」と言い張った。

もう、十何年も前になるだろうか。思い起こせば、それ以来、僕は成長していないのだが、ビートルズに夢中になり、ものすごい音量のジャズ喫茶にも何度か通った。武道館へ見に行った時も、見ているだけで、涙が出てくるくらいであった。すると、僕の後ろの席で、中年のおばさんの声がした。「どうでしょ。このさわぎ、ビートルズのどこがいいんでしょ」というようなことを言った。誰に向けて言っているのか知らないが、何度か同じことをくりかえすので、「なら、出て行けばいいじゃないか！」と、僕は、怒鳴ってしまった。会場に入りたくとも、チケットが手にいれられず、入れない人がたくさんいるというのに、どうして、見たくもない人が見に来るのだろうと思った。

映画を見に行った時もそうだ。前の方で、女の子たちがスクリーンに向かって名前を叫んだりしていた。その場において、それは、ふつうの出来事であった。すると、またもや後ろの席で、いわば、けっして名前を叫ばれることのない男達が、「聞こえないじゃないか！　静かにしろ！」と吠えだした。さも、音楽は耳で聞くものだと言わんばかりの、さも、自分だけは、ミーハーでないような、ところが、そういう人に限って、歌はいいけれど、髪型が嫌だなんていう、実にミーハー的なことを言い出す。結局、好きじゃないのである。人より遅れて好きになったというコンプレックスを持ち、または、自分が先に好きになったのに、あとからみんなが好きになったから、嫌になっちゃったなんて、いずれにしても、素直になれない人たちであった。

今時、こんな話をしていると、時代おくれで笑われそうだが、僕も、十二、三年前、まねて、髪を長くしていた。うしろでたばねていた時期もある。電車の中で、「それでも、日本人か！」と、カラス色の服を着た学生につめよられたこともあるし、道すがら、「男か女か?!」という声を何回となく聞いた。ある時、新宿から離れたところで飲んでいたら、会社づとめ風の男の人が、「君はどういう考えがあってのばしているんだい」という、案の定、批判的ないらぬおせっかいを僕にかけた。そういう場合、答える必要がないことがらに、まったく、どうでもいいことがらに、相手だってどうでもいいと思っていることを、とりたてて答えなんて求めていないのに、ねちっこく聞いたり、意見を言ったり、だいそれた単語をならべたりすると、いったい、どういうふうに対応したらよいのか、いつも僕はわからず、そのたびに、不愉快な気持ちになったり、時には、こっちもこだわりだして、敵意を燃やしたりしていた。その時、友達が、すごく明るい声で、「仕事のためにのばしているんですよ」と答えてくれた。ああ、なんて、うまい嘘だろうと思った。仕事のために、髪をのばせないでいる人には、それが正解であった。

人は、よく、ああはなりたくないよ、と言うけれど、本当は、なりたくないのではなく、出来ないからしないのであって、したくないからしないのじゃない。したくないとか、なりたくないとかいう、そんなかっこいいもんじゃない。出来ないのであり、もう、なれないのである。

八月いっぱいで、一年半ほど勤めたH君が、学校に行くとかで、やめることになった。たしかに、人数が増えれば、仕事は分担されるし、お互いに、身体を休めることも出来る。しかし、略している仕事がいくらでも出てくるから、結局、忙しさは変わらない。

九月からは、また、二人で働く。営業時間の縮小や、休日をつくれば、たぶん、やっていけるだろう。のんびりと気疲れせずやることが夢だったのだから、かえって、これでよいのだ。しかし、たくさん働いて、たくさん売らなければ、欲しい本が充分入って来ないという錯覚にとらわれて、また、ガツガツしてしまうかもしれない。あれもこれもといった感じで、ついつい、置ききれもしないのに、本を仕入れたり、返すのをしぶったりするかもしれない。たくさん置いたからといって、売上げが正比例するわけじゃないし、お客さんの求める本が、すべて揃うわけでも決してない。絶対、無理なのだ。その無理の中で、いくらかでも満足いけるような形を、お客さんに教わりながら、やっていくしかないのである。

なにかが足りない、足りないといった感じで、まるで、自分の駄目な部分や、寂しさを補うかのように、ものを増やしたりするけれど、本当は、足りないのではなくて、よけいなものが多かったのだ。いつも、そう思う。そして、また、そのことを忘れ、あれもこれもと欲しがってしまう。そのくりかえしである。

もしかしたら、何を仕入れるかよりも、何を返すかの方が大事なのだ。月に、一度か二度、飽和状態の棚から本をぬく時の僕のセリフはこうである。「もう、怒ったぞ。黙ってりゃいい気になって」と言って、ぬきはじめる。毎日の整理を怠っていたから、通路にまで、本があふれている。そして、もちろん、整理の途中でも、略すのだが、一応、すっきりした時、満足する。やってよかったと思う、何でももっと早く整理しなかったのだろうと思う。これだけ溜めないと、整理する気が起きてこないからなのだろうか。それとも、また明日、新しい荷物がきて、また、本が動き出してしまうからなのだろうか。ともかく、ほんの一瞬、うぬぼれではあるが、今まで曇っていた本棚が光って見えてくる。

何かを棄てた時、はじめて、そう思う。何かを得た時にそう思うのではなく、何かを棄てた時にそう思う。自分が強い人間になれたような気がする。ない本を聞かれたって、たとえば、夢物語だけど、棚さえしっかりしていれば、うろたえはしない。結局、それが完全でないから、くりかえしになるのである。

なにかが足りないと思い、なにかを増やす。これが、間違いのもとだった。足りないのではなく、よけいなものが多いのだ。頭の中では、いつも、そう思う。

8　本屋さんはおもしろいか？

荷物は、朝五時半頃来る。二階で寝ていると、時々、物音で目がさめる。昔は、早起きして立ち会ったことがあるが、長くは続かなかった。それからは、シャッターの鍵を運送屋さんに渡し、夜のうちに中扉とシャッターとの間に返品を出し、いれかえに荷物を置いていってもらうのである。ある時、いつもの返品の量の多さに「ここは、いつも多いんだよな。こんなところで書籍なんか売れっこないじゃないか。なあ。やり方、知らないんじゃないか？」という運送屋さんの声が聞こえてきた。

荷物は、日曜と祭日をぬかして毎日来る。毎日、その日に出る雑誌があり、書籍がある。雑誌はビニール袋か紙包みで、約十キロの重さのものが十個から四十個、書籍はダンボール箱で約二十キロの重さのものが三箱ないし、十箱ぐらい来る。個数を確認し、かまでひもを切り、送品伝票と中味を照らし合わせながら、だんだんと所定の場所へ移していくわけだが、そこにいくまでに、なにかしら事故がある。他店品がまじっていたり、冊数が不足だったり、品違いだったり、それらは、めったにないけれど、必ずあるのは、輸送の時の本の痛みである。

雑誌のとじがよじれていたり、ひんまがっていたり、角が全部つぶれていたり、もしかしたら、車から降ろす時に落っことすからなのかもしれない。これは、絶対、店に出せないといった程度のめちゃくちゃさではないが、なんか出しづらい、たぶん、お客さんは敬遠するのではないかなと思えるような傷みが、必ず、何冊か出てくる。ダンボール箱に入った書籍も、ケースの角がつぶれていたり、傷があったり、カバーのはしが破れていたり、本全体が波打っていたり、箱づめの段階で、すでにおかしいのかもしれない。

製本所から取次へ、大量の書籍や雑誌が運び込まれ、台車やベルトコンベアに乗せられて、電算機に打ち出された数字に合わせ、流れ作業で人間が箱づめをし、それを、各コースに分かれた運送会社に手渡し、翌日か翌々日に届くわけであるが、どこが手荒で、どこで、運わるく痛むのか、僕にはわからない。

一度か二度、集金の人に、その話をしたら、運転手は毎日同じ人ではないから、傷みが出た日の曜日をつけといて下さいと言われた。でも、ほぼ、毎日だから、と言ったら、昔は、箱が頑丈だったけれど、だんだん、箱が弱くなったね、と言った。肩の上に㊁と書いた顔が見える。

新潮社や講談社の新刊配本についての不満を話しても、また、パターン配本で、うちは、いっさい、重版はいらないということになっているはずなのに、それでも入ってくるのは何故なのかと尋ねても、何一つ、要領を得ない。答えらしきものはあっても、納得いかないことばかりなのである。しかたがないとか、こんなもんなんですとか、おいしいものばかり欲しがらないで、たまには、くさりかけのものも食べて下さいと言われているような、そして、何を促進するのかといえば、決まって、大出版社の大型企画のものや、まるで、本と関係のない金庫やハンコである。いや、これでも、おたくには力を入れている方で、なんて言われると、そう思えるふしを探したりはするけれど、やはり、会社が大きければ大きいほど、何がどうなっているのか、全然わからないところがある。担当者と親密になり、要望を聞いてもらえるよう、働きかければよいと言ったって、担当者のせいならば、なおるだろうが、一担当者のせいではないことばかりなのだから、いったい、どこに解決を求めたらよいのかがわからない。しまいには、取次に期待するべきことと、そうでないことがごっちゃになってきて、考えれば考えるほどわからなくなってくるのである。

どうも、僕は、文芸書の新刊と、無駄な重版が入ってくることに、こだわりすぎているのかもしれない。しかし、僕は、欲しいものが入って来なくて、望んでないものが入って来ることは、どう考えても気持ちが悪いのだ。たとえば、三箱の新刊のうち、毎日、一箱分ぐらい店に並べず即返品し、うちで、絶対、十冊以上は売れるだろうと思うものが、一冊ないし二冊しか来ないということは、おかしいに決まっている。そこで、仕入れに行き、神田村を歩き、そこでも、手に入らないと、今度は、地下鉄を乗りかえ、直接、神楽坂の新潮社へ、護国寺の講談社へ買いに行く。せめて、新聞広告に出たものぐらいは揃え、その上で別なものをという気持ちが根強いから、いつまでたっても同じことに腹を立て、そればっかり手間どっちゃっているのである。あまりこの話はしたくない。おどらされている自分が見えてきて、不愉快になってくるのである。

しかし、考えてみれば、もしも、こうして、各出版社に本を直接買いに行かねばならないとなったら、それは恐ろしいことだ。そこで、はじめて、取次の仕事の素晴らしさがわかるのである。だから、あまり、文句を言ってはいけないなと思うのである。突然、定期ものの本が減らされようとも、多少、箱がつぶれてこようとも、目をつぶらなければならないなと思うのである。伝票類一つにしても、だんだんと合理的に近代化されていくわけだが、それらは、けっして、書店がやりやすいとかやりにくいとかいうことのためではなく、すべて、取次サイドのためであり、そのやり方に馴れてしまえば、いいも悪いもなく、ただ、手間ばかりふえ、肝心なことが見えなくなってくるのである。

そうはいっても、昔に比べれば、よくなってきたかもしれない。今年の四月から、店売の曾我さんのおかげで、鈴木書店とも取引できるようになった。鈴木さんが得意としている出版社のものは、ボンボン売れるような性格のものではないけれど、そういう地味なものが、比較的早く補充できたり、もしくは、良い条件で置けるようになったことは、力強いことである。努力すれば努力しがいがあるのだ。しかし、僕はなにも、人文社会科学書を売りたいと思って前々から取引したいと思っていたのではない。一番、鈴木さんに惹かれたことは、店売における本の管理、本の扱い方なのである。同じ本でも、扱い方なり、扱うものによって、本に違いが出てくるということを学びたいのである。うちはまだ、その出発点みたいなところでうろちょろしているわけだから、あまり、大きなことは言えないが、そして、あまり力んだり、神経質すぎてもいけないし、自分のだらしなさやいいかげんさもゆるしてもらえる間柄でいたいわけだが、売り買いが喜びに変わっていける形、すなわち、お客さんが満足しなければ、書店も満足できないのだし、書店が満足しなければ、取次も、出版社も満足できるはずがないのだということが、すべての関係を支えているのだと思うのである。それは、なにも、売買だけではなく、すべてにおいて、そうではないだろうか。

先日、池袋芳林堂の江口淳さんと、小倉金榮堂の柴田良一さんが見えて、いろいろお話をうかがい、おかげですっかり、自分の頭の切れ味の悪さを感じ、圧倒されてしまったのだが、江口さんや柴田さんが酔いながら、何度も僕に尋ねたことは、本屋さんはおもしろいか？　ということであった。僕は、答えられなかった。答えるとすれば、楽しくしていくことが仕事なのだ。文化に貢献するだとか、良心的だとか、良書だとか、人のためだとかいうことではなく、自分が楽しくなるために働いているのである。ひとりひとりが自分のためにやっているのである。あの『小学一年生』や『幼稚園』の附録組みも、たちの悪いマンガのただ読みも、いやなこともいやでなくなるような楽しさをつくり出すことが仕事なのだ。

本の売り方に、うまいへたがあるように、本の買い方にもうまいへたがあると思う。本の買い方のまずさや本の売り方のまずさを、僕は始終身にしみているから、どういう売り方やどういう買い方をすればよいのかなどということは、いまだもってわからない。ただ、言えることは、たとえ、相手の売り方がへたでも、買い方さえうまければ、たとえ、相手の買い方がへたでも、売り方さえうまければ、お互いに、もっと快く、本は流れていくだろうと思うことである。そして、それは、決して技術なんかではない。

9　立ち読みにもうまいへたがある

先日、子ども調査研究所の人から〝中高校生の読書について〟話を聞きたいという電話があり、会うことになった。どうして、僕のところへこういう話が回ってきたのかよくわからないが、中高校生の読書については、僕は、日頃から、なにかと、たまりたまっていたものがあって、といっても、読書以前のことであるが、この時とばかり喋りまくった。

もちろん、僕にも、中高校生の時代があり、本屋にも少しはかかわっていたわけだが、考えてみれば、今のように、若い人向きの雑誌や書籍が、たくさん並んであったような記憶はない。どちらかといえば、大人の立ち入る場所に、ある種のうしろめたさを持って、こっそり入っていたような気がする。今のように、群れをなし、団体で本屋へ遊びに行くような習慣はなかったし、子ども調査研究所の調査によれば、中高校生が本屋に出向く回数が多いのは、どうやら、情報を得るためだそうで、まさか、そんなことは考えもしなかった。

学校の引け時ともなると、店前の週刊誌棚が黒山となり、本日発売の漫画週刊誌がいっせいに読み出される。そのうちの幾人かは中に入り、音楽雑誌やスポーツ雑誌を手にしだし、あるものはきのうの漫画のつづきを読みながら、クックックックックックッと笑ったりするのであるが、なぜか、みんな、どでかいスポーツバッグを持っていて、それで、通路をふさいだりしてしまうのである。もちろん、その内の幾人かは、参考書なり、『ぴあ』なり、FM雑誌なりを買い求めて下さるわけだから、いちがいに、ワーッと来て、ワーッと引きあげていく感じだなどと、言ってしまってはいけないし、商売にひびくから、あまり、大きな声では言えないのだが。

まして、漫画の立ち読みを本当は歓迎していないのだ、ということを言ったところで、立ち読み常習者が心をいれかえるわけじゃなし、かえって、そうでない人が、あら、わたしのことかしら、などと思い、不愉快になったり、ケチ！　なんて思われたら、得なことはひとつもないのだ。第一、僕が腹を立てるキッカケなんて、一日のうち、ほんの、二、三人に対してであり、そんな小さなことに、こだわってないで、もっと、スケールの大きい話というか、たとえば、書店にとって専門店化は可能か、なんていう議題で話を進めた方がよさそうである。はたまた、そんな漫画の立ち読みなんかを気にしているから、本の題名も、お客さんの名前すら、おぼえられないのだとおしかりを受けそうだし、漫画のことなど関係ない人にとってみれば、せいぜい、おとなりの夫婦喧嘩程度にしか映らないだろうし、ならば、その手の本を置かなければいいじゃないかと、結論を下されてしまうことが関の山なのだ。しかし、どうも、感情的になってしまうこの件について、一度、吐き出しておかないと、僕は店でニコニコできないし、もしかしたら、僕の考え方が間違っているかもしれないから、書き進めてみようと思う。

僕は別に、漫画の立ち読みがけしからんと、つまりは言いたいわけだが、なんかこう、立ち読みにも、うまいへたがある。まわりのことを、気にしていないようでいながら、ちゃんと気を配っていて、横からもしも、他の人が本をとるために手を出せば、自然に身体をよけたりして、つまり、本棚にとけあっている姿の人もいれば、反対に、その場を占領してしまう人もいる。本の上に荷物を置いたり、本を持たずに、その場にべったり拡げたり、挙句の果てには、雑誌の角をべろべろめくりながら、全然関係ない話を友達と延々としていたり、もちろん、店の大きさなり、置いてある場所なり、並べ方なりが関係してくるのだが、もう、常連というのがいて、とにかくただで読んじゃうという魂胆が丸見えである。棚に寄りかかるのは、長時間読むのに耐えようとするためなのか、足をなにかのリズムに合わせてカタカタやったり、鼻をズルズルやったり、本の扱い方にしたって、結局、自分の本ではないから、ぞんざいである。本当に本が好きで、ゆっくり選ぼうとしている人にとっては、邪魔になって探しづらいし、本屋側だって、すぐ散らかってしまうような棚を、きちんと整理する気は起きないものである。なにしろ、古本屋で買うわけではないのだから、一応綺麗な本が買えるはずなのに、へたすれば人がそっくり読んだあとの本を買うことになってしまうし、なにも、本を選ぶのに、わたしは、あの人と違って、そっくり最後まで読んじゃおうという魂胆で立ち読みをしているのではないんですよと、気兼ねする必要もないわけだ。第一、本の定価というのは、いわば、中味についているのであるから、その中味を全部のみこんでしまうということは、これは、もしかして、食堂でのただ食いと同じではないかということである。いや、同じではないがそのくらい、とんでもないことだと僕は思う。

子供なら、まだわかる。可愛いげがあるし、可愛いげがある子供ならいい。棚さえ寄りかからなければ、本を丁寧に扱ってくれれば、気にはならない。おこづかいも少ないんだし、欲しくたって、月に何冊も買えるわけではないのだし、それでも貯金箱から取り出してきたのか、十円玉をいくつも持ってきて買いに来る子がいるというのに、大の大人がのうのうと読んでいるのには、うんざりする。たぶん、こんな考えを持っているのかもしれない。他の本なら買うけれど、漫画は、お金を出して買う対象ではないよ、と。一見、的を射ているようにも聞こえるこの言葉ほど、ふざけたものはない。同じ本ではないか。

一巻から二巻、三巻と読み終えて次の巻数に手が伸びる時、ちらっとこちらを窺ったりする。そんなにまでして読みたいのなら、どうして買わないのかなと、僕は素朴に思う。誰だってあり余っているお金なぞないのだ。みんな、それなりに工面しているのだ。なぜ、なにかを犠牲にするなりして、求める努力をしないのだろう。買うまでもないというのなら、何のために、貸本屋さんがあり、何のために、税金を納めている図書館があるのだ。

今さら、漫画の立ち読みについて腹を立てても、誰も相手にしてくれそうもないが、漫画に立ち読みはつきものといった感じで、ある本屋では、椅子まで用意して歓迎する向きもあり、または、逆に、ビニール袋に入れて、一切、触れさせないところもある。いずれにしても、売る方法が違うだけの話で、そのどちらの姿も、本来は、ふつうではない。

実をいうと、うちでは、文庫と同じくらい漫画が売れ、本来なら、効率面からいっても、漫画はもっと棚を増やし商品管理にも、うんと力を入れれば当然、売上げも増すだろう。一時は、倉庫をつぶして漫画コーナーをつくろうとか、漫画専門店を開きたいと思ってもみたが、今では（もちろん立ち読みのせいだけではないが）その気力はなくなり、このところ正直言っておろそかになってしまっている。本当に漫画が好きで、こつこつ集めている人たちには、申し訳ないなと思う。

本屋が好きで、別に沢山買うわけではないのだけれど、本屋に出向くことが好きで、毎日、本の背をながめたり、表紙を見たり、パラパラッとやったり、だから、帰りがけ、知っている小さな本屋では、買わないことがばれちゃうと、ちょっと気まずいなと思ったりした経験が、僕には何度もあって、だから、きっと僕と同じような気持ちを持ったお客さんもいるはずで、なにか喋ろうとすれば、もごもごしてしまったり、赤面したり、手がふるえたり、それをふせごうとする気持ちもあるから、今度は、怒ったような感じになってしまったり（そういう僕も評判が悪く、おっかなそうとか、やはり、気持ち悪いらしく、女学生なぞは、絶対、手が触れないように、お金を渡す時、僕の手にポトッと落とすし、僕もこれ以上嫌われないために、極力、事務的に装うのである)、そういう人のために、そういう人が、せめて、本屋に来た時ぐらい、ゆったりと、のびのびと、何気兼ねなく、本を選び、棚にとけあいながら、ぶらつくことができるような店になりたい。

　別に僕は、漫画の立ち読みにかこつけて、買わない人は来るななんて言いたいのではない。むしろ、その逆ぐらいである。大いに選び、時には、すべてを忘れて読みふけってもいい。中学生が、『ペントハウス』や『プレイボーイ』を見たってかまいはしない。ただ、裏かえしにして戻すことに問題があるのだ。小学生が、『別冊ゴング』や『プロレス』を見ながら、馬場と猪木はどっちが強いか（それは○○に決まっているけれど）激論を交してもいい。ただ、興奮のあまり、表紙を破らないでほしいだけなのだ。そしていつまでたっても、まったく買う気なぞ、さらさらないのなら、やはり、貸本屋さんを利用するなり、図書館に漫画を置くよう働きかけるべきだと思う。

　気弱なものが遠慮して、図々しいものだけが得するような、そんな世界は、できることなら、つくりたくない。

10　注文された本を手に入れるには

仕入れ先で、鎌倉の目耕堂さんの御主人とよく出会う。出会うといっても、おじぎしたことも、話したことも、話すこともないのだが、会うたびに、ちょっと気になるのである。

なぜなら、僕は小学校四年から六年まで、鎌倉に住んでいたことがあるので、なつかしく感じているのかもしれない。東京に戻っての、中学校や高校の同窓会には、なんだか、肩をたたかれそうなので、出席したくないけれど、小学校だけは、行きたくなる気持ちが残っている。本屋をはじめる時も、実は、最初に鎌倉を見に行ったし、いまだに、年に二回ぐらいの休みには、他に行くところもないから、きまって、鎌倉へ出かける。あの初詣でや、夏の花火大会の時に、「あなたは神に裁かれる」なんて書いた看板を持ちながら、拡声器で、とくとくと語りかけるキリスト教さえ登場してこなければ、いつか、住みたいなあなんて思ったりしているところなのである。

たしか、何年か前のお正月、小町通りに、目耕堂さんが開店してまもないころ、一度、客注品をそこで買おうと思い、客として、本をたずねたことがあった。その本は、やはりなくて、しかし、そのない時のことわり方が、なんともきまっていて、僕は、ほれぼれしてしまったことがある。ないことのがっかりさなど、全然なく、なくて安心したという、同業者としての複雑な気持ちもあるけれど、客との応対は、ああでなくてはいけないなと感心したものであった。ないことを口で説明するというよりも、笑顔で語ってしまうような、僕には、とても真似できそうにないけれど、お世辞を言えば、本屋にしとくにはもったいないような色男で、年のころは、四十か五十か全然わからないけれど、なにか品のいい、元日活の、二谷英明みたいでもあった。

その後、日販の横浜営業所でも、ばったり会い、僕が、神田へ仕入れに行くようになってからも、日販の店売や、鈴木書店の岩波コーナーや神田村では、必ずといっていいくらい会う。いつも、仲のいい奥さんらしき人と車できていて（奥さんではないという話を誰からか聞いたのだけれど、それにしても仲がいいので、これも気になる一つなのだが）、あちこちの問屋から、かなりの量を買いこみ、冗談を言えば、目耕堂さんの立ち寄ったあとは、めぼしいものは、何も残っていないといったふうな感じなのである。

偶然、ある出版社の人から、目耕堂さんの話を聞いた。なんでも、仕入れには毎日出かけ、一つの問屋を行きと帰りに二回まわり、売れると思った本は、最初から目をつけて、かきあつめてしまうという。本が入らない、とぼやく本屋がいるけれど、動けば入るのだという書店哲学を持っていて……。まるで、勝負師のように、ストックには、売れると思った本が、ドサーッと入っていて、どこもが切らしている時に、第一刷を切らさずに売るという。なにしろこの話は人から聞いた話だから、正確さには欠けるだろうけれど。現に仕入れは毎日ではなく、一時、僕はその話につられて、三週間ほど毎日出かけたことがあったが、効果はなかったし、目耕堂さんとも出会わなかったから、話が昔なのか、オーバーであった。そんなわけで、目耕堂さんが言ったかどうかはわからないけれど、動けば入るのだということは本当なのであろうか。たしかに、元気づけられるが、僕にはそうは思えないのである。

毎年、十二月末ともなると、各新聞に、今年一年、文学の収穫、というのが発表される。昨年は、集英社刊、世界の文学35巻、36巻、『酔いどれ草の仲買人ⅠⅡ』が本命であった。

新聞発表になって、たしか、一日か二日たったかもしれない。日販の店売には、別にあってもおかしくないのだけれど、やはりなく、太洋社には、Ⅱ巻が二冊しかなかった。ちょうど、そこに、目耕堂さんが現われ、やはり、それを探しているらしく、太洋社の人と、なんとかならないものか話をしていた。すると、太洋社の人が「昭和図書に買いに行くしかないんじゃないかな」と答えていた。「昭和図書ってどこにあるの?」と続いて会話が聞こえてきた時、これはたいへんだと思った。目耕堂さんに先を越されては、なにしろ、相手は自動車だから、僕は、あせりを感じてきた。弘正堂のところで、ポラーノ書林さんと会い、その話をしたら、欲しいけれど、自分は青土社に行かねばならないからと言うので、僕は、ポラーノさんの分も含めて、まあ、各八冊か十冊、買ってこようと走り出したわけである。ところが、いつもなら、先客は、せいぜい一人か二人なのに、十人ぐらい並んでいる。いやー、こりゃ、もうないかな、と息を切りながら列に加わった。

昭和図書というのは、神田村から歩いて十分ぐらいのところにあり、小学館、集英社、祥伝社の品出しをする倉庫で、現金で、書店も買えるところなのである。僕は、前から、その場所を知ってはいたが、あまり役立ててはなく、だって、新刊は減数するとか、この新刊は、もったいないから販売しないだとかで、せっかく行っても、デーンとかまえた、受付のおばさんの冷たい印象ばかりで、ろくなことがないのである。

なかでも、一番、あきれてしまったことは、あまり、はずかしくて、言いたくないのだけれど、一年ぐらい前だったろうか、それまでに『足寄《あしよろ》より』とか『成りあがり』とかでなかなか、小学館には苦しめられ、次は、柳ジョージという人の『敗者復活戦』の時であった。うちでも、やはり、売れるのだけれど、こういう派手なものは、注文数通りに入らないこともあって、というよりも、正直いって、どうも興味が薄いことも手伝って、あまり、力を入れる気がもう起きなくなってきていた。注文書のついた近刊案内の営業文句には、「敗者復活戦という言葉を、流行語にします」なんて書かれてあったもんだから、よけい、うんざりして、別途では、注文を出さなかったのである。前ほどは、売れないだろうし、出さなくとも、少しは来るだろう、注文なんか出さなくとも、児童書のセットや百科事典は、いつも景気よく、これでもか、これでもかといった調子で送って来るのだから、まして、刷部数の少ない、特殊な本でもなんでもないのだから、来るはずだろう、と思っていた。そのうち、小田急線登戸駅構内に、『敗者復活戦』のえらく大きなポスターが二枚貼られているのを見かけ、あれ、もしかして、注文書を回さなかったのは失敗だったかなと思いはじめたわけである。

あんのじょう、発売日に配本はなく、さっそく、お客さんに聞かれ、「まいったなあ」と思い、その日、神田村にもないから、昭和図書に買いに行ったわけである。なにしろ、現物を見たことがないから書泉グランデに寄って、表紙を見て、まあ、うちで、十冊ぐらいだろう、でも、五冊でいいやと思い、窓口のおばさんに「五冊……」と言ったら、そばにある内線電話で、どこにかけたのか、こちょこちょ話をし、「一冊なら出せますが」と言う。がっかりしてしまったというより、僕はあきれてしまい、その時、頭の中に、整理できないくらい、いろんなことが駆けめぐったわけだが、「はい、それでもいいです」と言って買ったわけである。「宣伝費をドバーッとかけて、品切店を続出させ、大ベストセラーをねらっちゃってるんだから、そう簡単には出せないいね。ま、一冊がいいとこね」と、電話のむこうでは、営業部の人がバナナでもほおばりながら、まさか、話をしていたわけではないだろうけれど、七八〇円の本を一冊買いに行くために、テクテク歩き、本がカウンターに出てくるまでポカーッと待って持ち帰るバカらしさ。どうしても、うちで、売りたい本であり、なおかつ、それが刷部数がホントに少ないならば、追っかけがいもあるし、あきらめもつく。たしかに、前もって、注文を出さなかった僕が悪いのだが、ならば、注文を出せば来るのかといえば、今までの経験上、これがまた来ないのである。取次まかせでは、タイミングよく入って来ないから、仕入れに行くようになったのに、そして、神田村で拾えるだろうと、つい甘い考え方をしてしまう僕の買い方も、うまいはずはないが、出版社で出し惜しみをすることはないと思うのである。

かつて、そんなことがあったもんだから、昭和図書に関しては、あまり、期待できないのである。しかし今度の場合は、なにせ、新刊ではないから、先に、注文を出せば、手に入るはずなのである。そんなことを思いながら寒い中、順番を待った。どうやら、目耕堂さんは、まだ来ていない。年末のせいか、いつもより混んでいるから、係の人が、先に注文品をたずね、倉庫よりカウンターに出している。僕より前の人たちの注文品は、さぞかし、『酔いどれ……』だと思っていたら、『うわさの姫子』だとか『入門百科』なんて言っているのでちょっと安心。すると、突然スポットライトがあたったように、カウンターに、デーンと分厚い35巻と36巻が積まれたのであった。僕は、思わず列から離れ、巻数なり、書名を確認。もう、安心。鼻でタバコを吸っていたわけである。

事件は、そのあと起きた。眼をそらした、ほんのちょっとの数秒、カウンターの35巻と36巻の二つの山が一つしかない。あれ、へんだな。いや、荷物の出し入れで、ちょっと、邪魔になったので、よけたのかな程度に思っていた。元々、僕は、心配性で、自分が心配していることを、人に気づかれてしまうことも心配してしまうくらいだから、極力、抑えていたのだ。やっと、僕の順番が来て、コンピューターに打ち出された金額を窓口で払った。やけに、金額が低いなと思った。一瞬、むこうの計算間違いで、もうけたかなと思った。よくよく、その、カタカナ文字とアラビア数字を見ると、35巻の書名の横に、シナギレと打ち出されている。「あれ、これ、シナギレなんですか?」「ええ、シナギレなんです」「だって、さっき、あったですよ」「シナギレになってしまったんです」「……え?」「版元から、シナ出しストップの指示が出ましたので、シナギレになったのです」

こんなことってあるのだろうか。シナギレでない方の『II』の方だけ持って帰ったって、売れっこないから、じゃあ、これもいらないから、代金を返して下さいと言った。僕はもう怒っちゃったのだ。そこらにある本を投げとばしたくもなっていた。そしたら、むこうでは、一度、コンピューターで打ち出して品出ししてしまったものを取り消すのが不可能なのか、それとも、このように、僕が怒るとは思っていなかったのか、どうにもこうにも動きがとれず、険悪のムードになったので、奥の方から係長らしき人が出てきた。結局、あるのがばれちゃったわけだから、別な形で出しましょう、ということになった。すると、さっき隠したものが、まるで、手品を見ているようにパッとカウンターの上に出てきたのである。

版元から、品出しストップの指示があったというのは、もしかして、僕の聞き違いで、取次からといったのか、東販といったのか、どうも、その時の興奮で記憶があやふやだが、とにかくそんな感じのところから、想像するに、たとえば、大型書店が版元か取次に、その巻数を電話一本で、残り全部、確保してくれと言ってきたからかもしれない。又は、書店から、注文がきはじめたので、これ幸い、○○ランク以下は品出しするなということなのかもしれない。当然、あの日、僕の後ろに並んだ人はもう、35巻は手に入らず、ゆえに、電話注文でも、短冊注文でも、あるのにシナギレ状態となったはずである。町の小さな本屋が、ごそごそ動いたって、上の方で、たとえば、電話一本で、品物がなくなったりするのであるから、考えてみれば、手に入った方が不思議なくらいである。

さて、その本は、運よく、嘘の品切れ寸前のところで手に入り、注文のあったお客さんの手に渡すことができ、店からは各二冊動いて年が明けた。二月になって、ある本屋さんが、それを一組、買っていかれた。ところが、三月になって、なぜか、取次の日販から、新刊扱いで、その本が配本された。うちは、注文を出していないので、即返品に回した。

ところで、目耕堂さんはあの『酔いどれ草の仲買人ⅠⅡ』を、いつどこで手に入れたであろうか。これも気になっていることの一つである。

11　大きな書店と小さな本屋

神奈川県での書籍売上高の半分を有隣堂が売っているという話を聞いた。はじめ、とても信じられなくて他の人にも聞いてみたところ、それは、少しオーバーのようであった。推測すれば、二大取次のうちの一社、日販が占める、神奈川県においての書籍売上高（その中には有隣堂や文学堂や住吉書房や村上さんやみどりさんやうちを含む約四五〇軒分）の半分を有隣堂が占めているということなら、間違いではなさそうである。

いいかえてみれば、一軒の本屋で月の売上げの半分を、一人のお客さんが占めているのと同じなわけで、出版社や取次が、なんにおいても、大書店を優先する気持ちはわかるような気がする。

たとえば、うちでは、一般書が月に八冊ぐらい売れれば、ベストテンに入ってしまうし、最高でも三十冊ぐらいである。ところが、大書店というのは、そんな数字は、一日もしくは、一時間での販売数であろうと思う。売れる銘柄は同じなのに、片方は月で売り、片方は、時間で売ってしまうのである。

それだけ開きがあると、当然、取次からは、専従の仕入れ担当者がつき、現物見本なぞを見ながら、これは何冊、これはいらない、これは何冊と、最初から、適正な部数を確保してしまうだろうし、時には、テスト販売とかで、一般の発売日より、えらく先に売り出すこともあるし、通常も、一日から三日早いようである。ゆえに、小さい書店に、初回の部数が入ってきたあたりには、もう大書店では、出版社の倉庫から、追加注文分が出荷されているような具合なのである。

新刊が思うように入り、その本の動きが半日とか一日で、はっきり数字にあらわれれば、当然、追加部数は適正になり、その上、追加が素早く来るとなれば、あって当り前売れて当り前である。「売る」でも「売れる」でも、どちらでもいいけれど、切らさずに数多く売るということは、数の違いだけではなかったのである。たとえば、『A』という本が売れれば、自然に類書の『A′』を見つけられるし、その『A′』も売れることがわかれば、思いきった仕入れも出来るわけだが、もしも、『A』が売れなければ、めだつ動き方をしなければ、『A′』を仕入れる元気は起きてはこないし、だいいち、類書の『A′』に気づかないで、時が過ぎ去ってしまうのである。

本にくわしいとかくわしくないとか、仕入能力が優れているとかいないとかは、なんのことはない、販売数できまってしまうのである。あそこの本屋は揃っているねだとか、揃ってないねという違いは、売上げの違いであり、売上げの違いということは、たかが、昼間の人口の違いなのである。つまり、仕入能力なんていうのは、棚担当者一人の能力なんかでは、決してない。もしも棚に違いがあるならば、その棚に集まる同じ好みを持った人たちの、本に対する愛情の違いだけなのだ。

僕が、この『書店だより』を書くきっかけになったのも、昔、あるお客さんから、「この町の本屋はどうしようもないな」と言われたことがいまも頭から離れていないからである。それは、決して大書店の社長がかしこくて、町の本屋のだんな衆はバカだということではないのです、ということを、考えてみれば、今までに何度もくりかえしてきたわけだけれど、まだまだ僕は言い足りなくて、その疑いを晴らそうと、ひとりで相撲をとっているのである。人のねちっこさは嫌がるくせに、僕ほどねちっこい男はいない。

有隣堂は神奈川県に九店舗ぐらいあるだろうか。横浜西口店一軒で、たとえば、『文藝春秋』を月に何冊売っているだろうか。正確な数字はよくわからないが、仮に、芥川賞発表の号なぞ、二〇〇〇〇冊としよう。その二〇〇〇〇冊を誰が求めているのかといえば、たとえば、新城の町に住んでいる人もいるはずである。いろんな町に住む人が、横浜に出た時、なにかのついでや、何かの目的で買い求めているのだと思う。

故鹿島守之助が地方に旅行した時、必ずやその町の本屋をのぞき、自分の本が並んでいないことに不満を持ち、すべての本が置ける大きな書店をつくりたいという夢が実現されたあの八重洲ブックセンターも、何が売れているのかといえば、もちろん町の本屋にはないようなものが売れているのだが、それよりも、もっと売れているものは、やはり、どこの町の小さな本屋とも変わらぬ同じようなものが、えらい数の違いで売れているのだと思う。

新城に住み、雑誌の『文藝春秋』を有隣堂で求めている人を、仮に、Aさんとしよう。そのAさんが、日曜日、散歩がてら、新聞広告に載った文藝春秋発行の新刊を町の本屋に買いに来た。ところが、その本屋にはないのである。売り切れたのかまだ入荷していないのか、仕入れる気もないのかどうなのか、Aさんにしてみれば、どうでもいいことだがとにかくないのである。Aさんは、どうしてこんな売れそうな本を扱わないのかなあ、なんて不思議がるわけだが、なくても不思議はない。文春にしてみれば、〈刷部数÷書店軒数〉で平等に配本したら、本がこなごなになってしまうような新刊を、その出版社の柱である『文藝春秋』を、数十冊程度しか売っていない店より何千冊も売ってくれている書店の方へ、重点的に配本するのは当り前の話だからである。もちろん〝文春〟がとか『文藝春秋』がということではなく、どの出版社のどのシリーズにでもたとえられることだが。

また、ある日、Aさんは、ある本を求めに、今度は、同じ町の本屋を五軒たずね回った。しかし、まだ、発売されていないのかどうなのか、どの店にもなかった。注文すれば、入ることは知っているが、注文することはわずらわしいし、とにかく、早く読みたいし、本屋をぐるぐる回ることも楽しいことだし、まあ、また今度、どこかで見かけた時、買おうなんて思い、結局、買い忘れてしまうか、もしくは、まったく、別のところで、たとえば、翌日、大書店で見かけ、やっぱり、出ていたではないか、というような具合で、求めてしまうのであった。ところが、同じ人が、同じ本を、五軒もたずね回ったことは、各本屋は、知らないわけで、きっとあの人が買うだろうとか、その人が買わなくとも、なにせ聞かれたのだから、買いそうな人が他にもいるだろうなどと勝手に思い、その五軒の本屋が、各々、注文を出したとする。ところが、五軒の本屋に入荷した本は、なにしろ、Aさんは他で求めてしまったわけだし、別にたずねはしなかったBさんもCさんも、最初から、きっとないだろうと探そうとはしなかったり、だって欲しい時になかったものしょうがないじゃん、というようなわけで、もしかして、それらの本がそっくり残ってしまう場合が考えられる。お客さんに聞かれた本をなんでもかんでも書店が仕入れない理由や、出版社が書店の注文分を勝手に減数する理由がそこにある。

断っておくが、別に僕は、有隣堂なり、大書店に対し、敵意を持っているわけでも嫉妬しているわけでもない。はたまた、お客さんがぐるぐる回って、あっちこっちで買うのはけしからんとか、買物は、地元でなければならぬなんていう看板を掲げたいのでもない。ただ、あれば売れたかもしれない本を、知りたいためには、たずねがいがないかもしれないけれど、ついつい人のせいにしがちのところもあるけれど、大いに、ない本を何度もたずねてもらいたいことは事実である。

昔（今も変わりはしないけれど）、芸能人や女の子の写真集をよく出す小学館と集英社。文芸書の講談社と新潮社。それら大手版元の新刊が思うように入らず、お客さんにさんざんその本をたずねられ、やっと入ってきた二週間なり三週間、もしくは一カ月あとには、聞かれたわりには動かないことがよくあった。これも当り前である。たとえ、大書店に比べ総売上冊数が少なくとも、一番売れる時期というのは同じで、それは広告を打った日と関係あるが、つまり、発売日から、二、三日、もしくは一週間である。たとえ、それが、ピークでなくとも、その時期の動きで、あと何冊必要だという判断がわかる時期に、本がないのだから、売れるわけがないのである。もちろん気づくのが遅かったために、タイミングよく入らないことや、先に気づけばいくらでも入る本のことを言っているのではない。さらに、ベストセラー商品のことだけを言っているのでもない。三十冊ぐらい売れるものが、最初に、二、三冊ぐらいしか来ないということは、二、三冊はかたいと思われるものが、当然一冊ないし、零冊ということにもつながってくるのである。一カ月間で売れるであろう冊数が初回に入ってきてもおかしくはない。現に、他の出版社のものは、そういうふうに入って来ているのである。文庫の売上カードの枚数上位三百軒ぐらいの書店を相手に配本数を決めたりしているのか、どうなっているのかわからないけれど、大手版元の配本の仕方、追加注文分の出し方はおかしいに決まっている。

あきらめている書店は、きっと、かなりあって、そういう新刊書籍を無理に求めず、もっと効率のいい雑誌や漫画や、百科事典みたいなものだけに力を入れていくのも、ごく自然なことである。そして、大書店が近くに開店するとなれば、地元の中小書店組合は、決まって、売場面積の縮小を要求し、なんと、雑誌と漫画と文庫は、置いてくれるなということまで要求するのである。

「欲しい本が来ない」と書店が言えば、出版社は「現に、こんなに返品がある」と言う。なにを言っておるのかと思う。自分の本のまき方が悪いからそうなるのであって……、と僕は思うけれど。では、どうすればいいのかということになると、注文数通りに出せない出版社は、いっそ、買切制になればよいと僕は勝手に思うが、出版界全体のことになると、もう、わけがわからなくなってしまうのである。

開店以来、どの出版社に対しても、どんな本に対しても、僕は、別になんの偏見もなかった。お客さんから求められるものを売り、売れるものを並べたいことは、これからも変わりはない。しかし、気持ちよく、納得のゆく売り買いが出来ることの方を僕は望む。

たとえ、少数であっても、こちらが売る気さえあれば、大いに売らしてくれるような出版社は、他にいくらでもあるのだ。むこうがこちらに対して売る気がないのなら、無理に、その社の本を売ることはないのではないかと思う。頼みもしない余計なものは送ってくるのに、たとえば『青春の門』の文庫が初回に一冊しか来ないのなら、その社の文庫を棚からぬいてしまえばいい。別に、そう、むきにならなくとも、これは、自然ななりゆきである。

12　凄い客

うちのお客さんの中に、昼間からお酒を飲んでくる人がいる。開店からであるから、もう、丸七年のつきあいになる。毎日、業務用の自転車に乗って、荷台には、なにやら得体の知れぬものを積み、いったいどういう仕事をしているのか、なんの行き帰りなのか、よくは知らない。なんでも、経理士をしていると言っていたような気もするし、本屋のはしごをして、時々、顔を会わせるらしい人の話によれば、薬屋さんでもあるらしく、最近の情報では、溝ノ口の方での大地主であるという話もある。

名は、O氏という。五十歳ぐらいであろう。なりは、どちらかというと、あまり、きれいではない。夏も冬も、なんだか同じような気がする。もちろん、昼間からお酒を飲んでいるといっても、酔っぱらっているわけではなく、また、実際に飲んでいるのを見たわけではないから、これから話すことも、ことわらなければならないのは、みな僕の想像なり推測である。いや、そういうことよりも、O氏にとってみれば、当然、失礼にもあたる、こんなよけいなことを、書いてしまっていいものかどうか、僕は随分とまよった。しかし、他のお客さんに、「いったい、あの方は何者ですか?」と聞かれるまでもなく、僕はO氏のことを、どうしても、書きとめておきたいのである。

O氏がはじめてうちにやって来た時のセリフは、たしかこうであった。入って来るなりいきなり、「山の本ないか、山の本」とわめきながらであったような気がする。いわゆる酔っぱらいが、間違って入って来たのではないかと思い、あまり、さからわないようにしよう、なんて身構えたのはいいが、それ以来、僕は身構えっぱなしになってしまったのである。

ふつう、自慢気に偉そうなことを言ったり、大きな態度をとったりする人ほど、たいしたことはないと思っていたのだが、O氏の場合だけは、どうも違っていた。「オレは、○○県の山岳図書委員をやっているからオレの一存で、山の本なら何冊でも買うから……」などと言いながら、そのころから、けっこう派手に買っていった。しかし、買い方が、やはりふつうではなかった。ある一時期は、まるで、古本屋でやりとりするように、「負けろよ」などと迫られた。その金額も、定価に比べれば、そのくらいどうでもいいやと思いたくなるような額ではあったが、「それは出来ません」と、何度答えても、また、幾日かたつと、同じくりかえしになるので、ことわるのも面倒だから、数回負けたことがあった。たしかに、いい値段であったり、O氏が買わなければ、たぶん、最終的には返品に回るであろうと思われるような本であったから、まるで、弱みを突かれているようで、つまり、買ってやってるんだぞ、という雰囲気が、僕には辛かった。わかりやすい言い方をすれば、そのころ、一番のお得意さんが、一番嫌なお客さんであったのだ。

当時、店で働いていたC君も、山男（僕らは、O氏という名前がわからなかったので、楽屋ではそう呼んでいた）には、かなり、うんざりさせられ（それだけの理由ではないが）自分は、商人には向いていないといってやめていった。うちの大事なCちゃんも、何度か泣かされた。どうして、人に嫌がられるようなことをわざわざ口にしたりするのか、僕にはわからなかった。なにか理由があって不満をぶつけるならまだしも、なぜ、気分を害したのか、なぜ、そこで喧嘩腰になるのか、わからぬ時もあった。なにか話をしだし、ちょっと答えると、「ああ、わかった！」というような、それは、頭の回転がいいとほめたらいいのか、それとも、回転がいいでしょということを言わんがために喋っているような具合でもあった。もしかして、わざと（たとえば、僕をきたえようなんていうへんな理由で）そうしているのではないかとまで考えた。それとも、もっと単純に、優越感の逆のようなものが、逆に出てしまうだけなのだとも思った。実際、その時は、不快に思えても、O氏に学んだことは多かった（嘘のようだけれど）。ああ、なんて素直な人だろう、なんていい人なのだろうと思った時もあった。酒とたばこの臭いをプンプンさせながら、雨の日も風の日も、毎日、やってくる姿は、美しくはないけれど、美しくもあった。

O氏がある時よりも、一段と買うようになったのは、いつごろからだったろうか。僕の勘違いかもしれないが、たしか、こんなことがあったからだと思う。三十万ぐらいする集英社の掛軸を、（もちろん、そういうケースはめったにないが）僕が倉庫で電話注文をしていたら、「ヨー、ダンナ、そういう、バヤイ、お宅では前金をとるのかよー」と尋ねられた。僕が「いや、とりません」と答えると、「よし、気に入った。よし、俺も注文するから」と言って、その場ですぐ、成瀬書房の二、三万する限定本を十冊ほど注文した。それまで、O氏は、注文はいっさいせず、それは、きっと理由があり、実は、一等最初のころ、うちは、キャンセルをふせぐために、前金をとっていたことがあり、たぶん、それを言われて、おもしろくないと思っていたからかもしれない（しかし、あれからすぐ、うちが前金をとるのをやめた理由は、O氏とは関係なく、前金をとっても、キャンセルする人がいたからであった）。O氏に言わせれば、注文なんか、いちいちするより、O氏の求めそうな本を事前に入れとけということだと思う。ところが、O氏の求めそうな本は、かなり特殊なものであったりするから、どうしても僕には、O氏の言う、冒険は出来なかった。そのたびに、O氏は、「気が小さい」だの「意気地がない」だの「若いなー」だのと言うわけであった。言われるたびに、僕は「よし！」と発奮するどころか、ますます意固地になっていった。

O氏が、毎日、本屋に出向くのは、うちだけではなく、新丸子の古本屋から溝ノ口まで、何軒か回るようである。それを、きっと、若いうちから何十年とやっているわけであるから、蔵書の数は相当なものであろうと思う。O氏の家に行った人の話によれば、うちの店の本の量なぞ、比べものにならないらしい。だいいち、定価より値が高くなっている本ばかりであるらしいから、O氏が少しぐらい、自慢気に話すのは、あれでも、ひかえめな方なのかもしれない。なんでも、本を置いてある部屋にはクーラーを取り付けてあるけれど、居間にはないような、今ではしないらしいが、若い時、奥さんが本を手荒に扱ったとなれば、ぶっとばしちゃうような、異常なくらい、本を大切にしているらしい。お金を出す時のサイフは、もちろん、革製ではなく、新聞の折り込みチラシのようなもので作ったサイフであり、ポケットからは、なぜか、グロンサンや、銀行や飲み屋のマッチや小銭が、ごちゃごちゃいっぱい出てくる。一万円札を手渡す時も、僕が受けとろうとして、その一万円札をつかむと同時に、「いやに厚いな、二枚じゃないかな」と言って、再度、たしかめたりする。それは、もう、冗談を通りこして習慣になってしまったようである。

考えてみれば、O氏が望む本は、あまり、うちの棚には並んでいない。それは、きっと、どこの本屋もそうなはずで、時々、O氏が棚を見ながら、「あーあ」とあくびをしたり、つっかかってくるようなことも、考えてみればわかるような気がする。ならば、本だけを求めるならば、こんな本屋を見捨てて、大書店なり、専門店に行くはずである。もしくは、直接、出版社に本を申し込むか、それとも、やはり、ごくふつうならば、黙々と注文するかである。ところが、たとえ、本屋にけむたがられても、注文する際には、うるさいくらい、電話のそばで、条件を言い出しながら、地元の書店で買い続けるということは、これはもしかして、すごいことなのではないかと思う。O氏の買い方が、うまいかへたかは別として、買い方さえうまければ、どんな小さな本屋でも、本は買い揃えることが出来るのである。なにも、大型書店や専門店で、あれを見つけた、これを見つけたなんてことは、当り前の話で、買い方がうまいせいなのではない。

O氏が本を求める条件の一つに、初版でなければならぬというのがある。「○○の『○○』は、今、古本屋で○万するんだぞ。オレは、○年前に、六冊投資したから、銀行の定期預金より率がいいよ」という具合であった。そうはいっても、O氏は古本屋を開くわけではなく、売る気も全然ないらしい。つまり、日曜日は読書の時間にあてて、平日はコレクターなのであった。人が、室内装飾なり、洋服なり、車や、旅行や、いろんな遊びにお金をかけるのと同じように、O氏は、ただ、本のみにお金をかけているのである。

しかし、なぜ初版でなければならないのだろうか。印刷所が一文字一文字鉛の文字を並べ、最初にインクを付けて刷ったものが（正確には、初校のゲラ刷こそ最初にインクをつけて刷ったものだが）、なぜ、価値があるのだろうか。その組版を紙型にとり、第二刷第三刷とした場合、一刷より、たとえば、十刷ぐらいになると、文字は、ボテッと太くなってしまうからであろうか（しかし、今では、オフセット印刷が大半を占め、そういう違いはないと思う)。活版と写植の違いぐらいなら僕にもわかりそうだが、本マニアというか、本好きの人というのは、活字体のちょっとした雰囲気の違いで、印刷所まで当ててしまう人も中にはいるらしい。そういう中味以外のことをあれこれ言うのは、人によっては、バカげたことと映るかもしれない。しかし、オーディオ評論家というのも世の中にはいて、「こんどのビクターの新製品○○は、音は少し張り出しぎみで、低音がなんとかで」と言えば、「うーん」とうなる人もいるわけだから、「こんどの中公から出た、○○という本は、いつもながらのビニール装幀で、本文活字九ポ一段組、八ポ全角行間で、非常に読みやすく、印刷は○○社、製本は○○製本、刷部数は○○部となれば、二五○○円はけっして高くない」なんて、いう商売が成り立ってもおかしくはない。本の中味さえ同じであれば、安いに越したことはないという人もいれば、玉手箱のように、本をとりだして、うっとりする人もいるのである。読みたいから、読まねばならないからという理由だけではなく、これは、確保しておきたいから、という理由もあって、本は買われていくのである。ただ、昔、ある本に感銘を受けた時、歌や映画に感動した時のことを思い出してほしい。好きになった人のことを思い出してほしい。まさか、奥付を点検してから好きになったのではあるまい。スピーカーがよかったからとか、一刷だったからとか、刷部数が少なかったからとかいうことで、感動したのではない。全然、別の問題なのである。ただ、いつも、そばにいて欲しいと思っただけなのである。

さて、六月ごろ、O氏は、突然現われなくなってしまった。中原の飲み屋のママさんの話によると、なんでも、車にぶつけられてしまったらしく、病院通いとのことだった。一カ月もすると、左手に包帯をして、風呂敷包みで現われるようになった。「いらっしゃいませ」という言葉は、O氏にとっては、絶対のものである。たまたま、別なお客さんと応対中で、言うきっかけがなかったり、ちょっとタイミングがずれたから、いいやなんてこちらが思ったりしていると、とたんに機嫌が悪くなる。

いつか、うちの母がレジにいた時、さっそく、O氏が、「これが、らしゃ問屋のおふくろさんかい。ホー、苦労した顔だね」と話し出し、僕は、はじめて応対する母親が、さぞかし、びっくりするであろうと思ったが、母は、全然、ものおじせず、「せいぜい、買ってやって下さい」なんて言うしまつであった。父もそうであった。ひるむどころか、反対に喋りまくり、O氏を疲れさせてしまうくらいであった。つい最近では、おとなしい農協の集金人T氏も、(僕には喋りづらそうにしているのに)「あれ、今日は、いつもの方いらっしゃらないんですか」なんて、O氏と会うのを楽しみにしているようであった。となると、本当は、O氏が変なのではなく、僕が変なのかもしれないのであった。そういえば、句集を出版している、卯辰山文庫のK氏も、店先でO氏と出会った時、O氏は嬉しそうに、延々と話をしだし、その時、いわゆる商売人でないK氏が、うまく受け答えしているのに、僕は、嫉妬さえ感じた。別に僕が、俳句や短歌や、その他もろもろのことがわからないので、うらやましく思ったのではない。ただ、仕事として、いや、ふつうの人間として、お客さんに挨拶をしたり、話を合わせたり、うなずいたりする、ただ、それだけのことが僕には出来ないのである。他の人が見たら、きっと、からまれているのではないかと錯覚されそうな、さぞかし、ふがいない店主であろうと思われるであろう。O氏が調子にのればのるほど、僕は、その場に居合わせる、他のお客さんが気になってしまうのである。

何年か前の夏、僕が仕入れから帰って来た時、僕は、暑いので、半ズボンをはいていた。すると、O氏は、「いい若いもんが、半ズボンなんかはいて、男は、いくら、暑くたってスネゲを出しちゃだめだよ」と、それを、くどくくり返したので、「Oさんは、洋服にこだわる人なんですね」と言ってしまった。そしたら、O氏は「そうか、わかった、そうか」という具合になり、あとで、「ワルカッタ」なんて言ったけど、僕は怒ったままだった。また、いつか、そばに寄ってきて、「○○という作家はどうして売れないのか、教えてやろうか、え」と喋りはじめた時、僕は、もう、その話は、何度も聞いたことがあるので、「はい」「はい」と言いながら、別な本に目をやったり、時々、O氏に眼を合わせたりしていた。そのうち、つばがばっちり飛んできた。なんで、オレ、何度も聞いた話を、何度も聞かねばならないのかなーと思いながら、つばをふくこともがまんしていた。すると、あまりに、今日は、僕がのらなかったせいか、「聞いてもないのに、わかったように、頭ばかり下げるなよ」と言って、頭をこづかれた。次の日僕が仕入れから帰ってきたら、また、O氏がいた。「なにか、Oさんにすすめるようなもの買ってきたかな。買ってくるわけないよな。それだけの器量もないし……」といつものセリフを言った。そこまでは、いつものことで、なんてことはない。しかし、また、同じようなことをくり返しながら、寄ってきて、右手の甲で、肩をぐいぐいと押してきた。酒が少し入っているであろうO氏にとってみれば、なんてことはない。力のかげんも、距離のとり方も、声の音量もくどさも、ふつうではない。こちらも、少し酔っていれば、話はしやすいのかもしれない。しかし、片方だけ、お酒が入っていて、片方が入ってないなら、話が合うはずがないのである。間のとり方もそうであろうし、こちらが、相槌を打つつもりで何か喋れば、「そんなことはわかっているよ。それが一言多いっていうんだよ」と言われてしまうしまつだし、黙っていた方がいいようなところがあった。しかし、僕は、仕入れから帰ってきて疲れているせいもあるのか、きのうの顔にかけられたつばや、頭をこづかれたことが思い出され、肩をぐいと押された時、「Oさん、あまり、僕の体にさわらないでくれませんか」と言ってしまった。言ったあと、いやな予感がした。O氏も、「ハイ、わかりました」という具合で怒り出した。僕は、二階に上がってしまった。帰ったであろうころを見計らって、下に降りていった。O氏の立ち寄った棚の本の帯が、全部で七冊、指で破られていた。僕は、それっきり、もう、O氏は、来ないなと思った。それでもいいと思った。その方がいいとさえ思った。

たしかに、O氏のように、「今日は買うもんがないから、きのうと同じ本を買っていくか」などと言いながら、同じ本を、二冊も三冊も買っていくお客さんはまれである。残念なのは、O氏の分だけ売上げが減るからというのではない。もちろん、それもあるが、O氏に限らず、O氏が買っていくような本が減るということの方が残念なのである。たとえば、この手の本は、きっと、Aさんが買うかもしれない、というふうに、本を見て、お客さんの顔が浮かんでくるようなものは、たとえ、一般的に売れそうになくとも、仕入れられるわけである。たとえ、そのAさんが買わなくとも、並んでいれば、別な人が買うかもしれない。しかし、この手の本は必ず買うとかいう人がいないと、その手の本は、いっこうに棚には並ばないのである。Bさんは必ずこの手を買うとか、Cさんは必ずこの手を買う、ということが、何年ものつきあいの中から出てくるのである。もちろん、口で言うほどうまくいっているわけではなく、結局は、いいかげんなものであろうが、それの、まねごとぐらいは出来るのである。

いつも、O氏が、僕に、「子供だなー」とか言ってからかうけれど、O氏も、子供のようであった。実に人との関係が、ぶきっちょであった。しかし、次の日、O氏は来た。雨の日も、風の日も、毎日来る。「ヨー、ハヤカワくんヨー」

13　ものの売り買いだけの関係ってステキだ

僕はこれまでに、『読書手帖』の発行人ということで、何度か取材され、時には写真まで撮られもした。動機とか、目的とか、その後どういう変化があったとか、だいたい尋ねられることは同じで、ゆえに答えることも同じで、それを数回くりかえしているうちに、もう動機がなんだったのか、自分でもわからなくなってしまったのである。

最初のころは、店のＰＲにもなるし、いいなあなんて思っていたのだが、今では（別にことわる理由はないから）「はい、お受けします」と電話を切った途端、憂鬱になってしまうのである。もちろん、お世辞であろうが、いい仕事をしているとか、頑張っているみたいだとか、さぞかし、お客さんとうまくいっているようだとか言われると、なんだか落ちつかなくなり、自分は逃げているだけで、そうではない、と、必要以上に自分を卑下するような具合になってしまうのであった。

そんなある時、Sさんが連載している雑誌の編集の方から、電話をもらった。Sさんの希望で登場願いたいとのこと、僕はびっくりしたまま、「はい」と返事はしたものの、案の定、あとで気が重くなり、ああ、写真撮られるのやだなあとか、Sさんと会って話すのも、なんか怖そうだし、ああ、どうしようどうしよう、と、仕事も手につかなくなり、東海林さだおの漫画の読みすぎかもしれないが、ボーナスをもらう寸前に、なにを買おうか、まよいにまよって、ヘナヘナになってしまうのであった。

こんなみっともない話を、わざわざしなくともよさそうなものだが、いったい、この気持ちは何なのであろうか。もしかして、今の仕事や、『読書手帖』を続けていくのに、自信がないからであろうか。こだわりをいじくりまわしているうちに、こだわりだけが大きくなってしまったようなのだ。

昔、こんな夢を見た。僕は劇団員らしい。じきに幕があく。しかし、僕だけなぜか、セリフを覚えていないのである。何をきっかけに舞台に上がったらいいのか、何を喋ったらいいのか、芝居は進行しているのに、全然、思い出せないのである。舞台のそでで、僕は逃げるわけにもいかず、この場をどう切りぬけたらよいものか焦っている。こういうのもある。人に会いに行くのに、着がえたらしいのだけれど、なぜか下だけパジャマのままで出かけてしまい、もう、引きかえせないところまできて、それに気づくのである。また、こんな夢もある。普段、僕は車を運転することが出来ないのに、運転席に坐って、車を走らせているのだ。うなされるとか、すごい怖い思いをするというわけではないけれど（そういえば、最近は見ないのだが）、記憶だけは鮮明である。

最近、あるお客さんから（以下、Aさんとする）、自費出版の詩集を受けとった。四六判、二七〇頁、五〇〇部で一二〇万円かかったそうだ。Aさんは五十七歳ぐらいの人で、前にも一度、自費でエッセイ集をつくったことがあり、今度の詩集の時は、印刷のことで少し相談を受けた。しかし、前の本の印刷の出来が、「よくないんですよ、誤植が多くてね」と誤植を印刷所のせいにするようなことを言うので、あまり、深くかかわらない方がいいなという気持ちもあり、僕は、知っている印刷所を紹介しただけであった。

Aさんは、けっして、嫌な人ではなかったが、だいたい、話の最初が「いや、まいりましたよ」という口調で喋り出すので、「えっ、どうしたんですか？」と、そのつど聞かねばならなかった。別に、話しかけてどうこうするという話ではなく、すでに結論が出ているような話を、やや、一方的にボソボソと喋り出すので、それも話の途中からなので、Aさんをよく知っている人とか、普段、生活をともにしている人ならわかるのだろうが、まずは、話の内容が何なのかを探るだけに神経が集中してしまい、ええ、とか、ああ、とか言うのがやっとであった。ゆえに、本の注文のことだけなら、僕は、ふつうに応対することができたが、そして、たまに、僕から話しかけることといったら、『読書手帖』の原稿依頼ぐらいしかなかったのである。

Aさんから電話があった。「いや、まいりましたよ」といういつもの口調で始まった。「どうしたんですか?」と聞くと、「この間、見本刷を見せてもらったんです」「ええ」「そうしたら、ひどいんですよ……。テンとかマルとかがね、詩の一行一行の終わりに、付いているんですよ……」「えっ、原稿に、テンやマルが付いてないのに印刷されているんですか?」「いや、付いてます」「あっ、それなら、付いてしまいますよ。印刷所は原稿通りですから」「いや、詩は、ふつう付けないものと、そういうことは、むこうでもわかっているものと思ったんですがね――」

そんなこともあったが、本は、ちゃんと出来上がった。僕は、その詩集と同時に、前のエッセイ集ももらった。四、五日して、電話で本の注文があった。また、四、五日して電話があった。本の注文以外に、必ず何か別な話がある。余生をどう過そうかとか、自分の小さい頃の話を、今度はまとめてみようと思っているという話をされた。「小説にですか?」と僕が聞くと、「いや、私は、小説は書かないんです」と言う。僕はどう答えたらいいのかわからず、そして、まだ、もらった本を全部読んでいないこともあり、すぐには読めそうにない、うしろめたさもあって、「いや、僕は、(やはり)詩はよくわからないです」と答えた。「詩より、前の本にあった、日記形式のようなものが、いいですね。そういうのを……今度、『読書手帖』にでも……」と言った。二、三日して、また、電話が(僕の留守に)あった。その電話はこうであった。「定期にしてある本を、全部とりやめたい」という出だしであった。うちのが「はい」と答えた。「おたくとは、縁を切りたい」と言った。ふつう、日常語なら、「○○という理由で縁を切りたい」と言うはずなのに、「縁を切りたい」が先なのである。「どうしてですか?」と聞かねばならない。ところが、うちのは、案外、こうなると強いもので、すごく事務的になる。「はい、わかりました」「本を読んでいただけましたか?」「すいません。私は忙しくて、まだ読んでないんです」「御主人も読んでないようだし……。詩がわからないと言っていたし……」。どうも、理由はそれらしい。「御主人から『読書手帖』に何か書いてくれと何度か催促されましたが、私が書かない理由はですね、『読書手帖』は、御主人が書きたいから出しているということがわかったからですよ」「はい、そのように主人に伝えます」。話はそれで終わりだった。

何のことだか、さっぱりわからない。贈った本を読んでいない、もしくは、わからないと言われたことが理由らしいが、そんなことで縁を切る！　ということが、どうしてつながるのか、僕には不思議であった。そういえば、前に、別な印刷所での見積りが一五〇万円もかかるって言うので、「では、定価をつけて、売るようにすれば」と言ったら、「いや、私は、職業詩人にはなりたくありませんから」と言うのであった。

つまり、売りものはつくりたくないという姿勢があるために、作品が作者から離れていかないのである。作品がひとり立ちできないのだ。

ほめられようと、けなされようと、たとえ、ホコリをかぶろうと、いいではないか。孤独には強いようなふりはするくせに、甘えたいだけにすぎないのだなと思った。

こういうことがあるから、僕は、ものを贈ったり贈られたりすることが苦手なのである。あのお客さんと話をしたいなと思っても思いとどまってしまうのである。そういう、気持ちのやりとりよりも、事務的な方が、単なるものの売り買いの方が、よっぽど、ステキに見えてくる。

もしも、僕が、たとえば、本をつくり、それを読んでもらいたいと思った人に贈呈したとする。その時、読んでくれましたか？　読みませんでしたか？　よかったですか？　よくなかったですか？　なんて聞きはしない。

信頼関係みたいなものは、常に、無言の中から生まれてくるのだ。むりに結びつけるわけではないけれど、『読書手帖』を出したって出さなくたって同じことなのである。力まなければ、なにも生まれてこないけれど、力んだものの言い方をしてはいけない。力んだものの言い方をしてもいいけれど、日常においては、「すいません」とか「どうも」だけで、充分である。

あげるということは、捨てることなのだ。もらうということは、拾うことなのだと思う。

14「紅い花」のブックカバー

つげ義春さんと一度だけ電話口で話をしたことがある。店のブックカバーに絵を描いてもらいたくて頼んでみたのである。突然、僕のようなものが頼んでも無理ではないかと思ったが、人に紹介されて会うのも二重に疲れそうだし、手紙だと、なんかこうねちっこくなりそうだし、やはり（ことわる方も気が楽かもしれないと思って）、電話がいいだろうと思った。たしか、北冬書房の高野さんから電話番号を教わったと記憶する。三年ほど前のことだ。

たぶんことわられるだろう、ことわられてもしかたがない、と僕は頼む前から悲観的であった。つげさんにしてみれば、まったく描く必要のないことだし、頼まれ仕事をするくらいなら、もっと自分の作品を発表しているだろうと思っていたからだ。

それでも僕が頼もうとしたわけは、第二案を用意していたからである。第二案というのは、今までに発表したマンガのある一場面を使わせてもらうということであった。

その図柄は、すでに僕の頭の中では決まっていた。「紅い花」の最後の場面、「のうキクチサヨコ」「うん」「眠れや……」を左と右に配置したブックカバーである。

僕はドキドキであった。まずは自己紹介をしたと思う。すると、

「古本屋さんですか？」とたずねられてしまった。今思うと、そこでもう失格だったのかもしれない。「実はこれこれ……」

「いや、ぼくはそういうデザイン的なことは向いてませんから……」

「いや、デザインじゃなくて、何か一つ絵を描いていただければいいのですが」

「……いや、描けそうもないです」

「だめでしょうか？」

「むりですね」

そんな感じだったと思う。「では、第二案というのはどうでしょうか？」とたずねると、「それはいっこうにかまいません。どう扱われようと、どうされようとかまいません」という返事であった。その間、二、三分ぐらいだったと思う。つげさんはボソボソッとした感じだった。でも最後のセリフだけは、声の調子もハツラツとしていたような気がする。

いったい、どう扱われようとかまわないということはどういうことであろうか？

一度手を離れたものは、どのように取り上げられようと、どう解釈されようと気にとめないということであろうか？ 僕はとにかくホッとして電話を切った。すごいなーと思った。なにがすごいんだかわからないけれど、すごいなーと思った。

僕がつげ義春の作品とはじめて出会ったのは『ガロ』誌上である。僕が十八歳ぐらいの時だ。何をきっかけに『ガロ』を手にしたのか、どのへんから読み出したのか、どうも最初が思い出せないのだが、毎号楽しみにしていたことはたしかだ。一つ一つ言い出したらきりがないが、たとえば「海辺の叙景」の「いい感じよ」など、物語の中の一場面がやきついてしまっている。かつて同じセリフを自分も言われたことがあるような（もちろん錯覚だが）、同じ光景に出会ったことがあるような、ボヤーッと夢に描いていたことが、もしくは、これを言いたかったのだということが、はっきり形に表われたような感動である。

中でも一番印象深い作品は、昭和四十五年『ガロ』二月号・三月号の二回に分けて掲載された「やなぎ屋主人」である。

その夜、ぼくはいつまでも寝つけないでいた。床の中でじっとしていると、「ぼくはいまここにこうしているんだなあ」と変に自分が意識されてならなかったからだ。そして、どことなくみすぼらしく侘びしげな部屋にいる自分が、なぜかふさわしいように思え……自分は「本当はここにこうしていたのかもしれない」というような、そんな気分になっていた。

つげ義春がマンガ家になろうとした動機は「断片的回想記」にこう書いている。

そば屋で働いていたのは七、八カ月だった。赤面癖がだんだんひどくなり、人に会うのが苦痛でならなかった。マンガ家になろうと思ったのはその頃だった。一人で部屋で空想したり、好きな絵を描いていられる商売は、他に思い当らなかった。

赤面対人恐怖症がどの程度のものだったか、いったい何が原因なのか、その後たびたび伝えられるノイローゼがどの程度のものなのか、僕はよくわからないが、いずれにしろ、僕なんかより重症なことはたしかであろう。僕は〈密航〉を企てたこともなければ、〈旅先に住みつくつもりで結婚を考えた〉ことはなかったからだ。でも（ファンであるがゆえに、同じでありたいという気持ちがつい働いてしまうのかもしれないが）、僕も、たぶんにその気がある。

なにか不吉な重い流れのようなものが、ぼくの心を駄目な方へ駄目な方へとおし流すようで……いたたまれなくなっていたのだ。いっそ駄目になってしまえたら……どれほど気がらくかしれないと思っていた。（「やなぎ屋主人」）

いっそ犯罪者にでもなってしまったほうが、もはや自分は正常な人間とはみられないから、かえって異常者として大手を振って生きていけるような気持ちになっていた。（「犯罪・空腹・宗教」）

という気持ちがよくわかるのだ。

もしかすると、僕はつげ義春の〈病的な部分〉を好きになってしまったのかもしれない。たとえば「事件」という作品がある。その中に、いっこうに車から降りようとしない男がでてくる。なんか、僕がその男のように思えてしょうがないのである。

そんな僕が今こうして本屋をやっているというのもおかしな話だが、そもそも、僕が本屋を選んだ理由というのも不純であり、「あれは何も喋らなくていい、ただ坐っていればいい」と勘違いしたからである。だから、馴れるどころか、月のうちの半分ぐらいは落ちこんで、逃げることばかり考えている。

これでも一応、本が好きで本屋をはじめたわけなのだが、本よりも人間が好きでなければならなかったのだ。これは他のどんな商売にもあてはまるだろう。マンガ家だってそうかもしれない。

僕はもうファンであるから作品全部が好きだ。本当は、ピンとこなかった作品も一、二作あるのだが（それは「ねじ式」であり、「窓の手」である）、だからといってキライというのではなく、ただ、つげ義春の作品をはじめて読む人が、たとえば「ねじ式」とか「窓の手」を最初に見たら、「ウワー、いいなー」とは思わないのではないかと、勝手に心配してしまう程度のものである。

それは昭和四十三年の初秋だった。行先は九州。住みつくつもりで九州を選んだのは、そこに私の結婚相手の女性がいたからだった。といっても私はこの女性と一面識もなかった。二、三度手紙のやりとりをしただけの、分っているのは彼女は私のマンガのファンで、最近離婚をし、産婦人科の看護婦をしているということだけだった。

「どんな人かなあ」と私は想像してみた。

「ひどいブスだったら困るけど、少しくらいなら我慢しよう」と思った。とにかく結婚してしまえば、それが私を九州に拘束する理由になると考えたのだった。そしてマンガをやめ、適当な職業をみつけ、遠い九州でひっそり暮らそうと考えた。

「離婚をした女なら気がらくだ」彼女はきっと結婚してくれるだろうと私は一人決めしていた。

これは、僕がつげ義春の作品の中で、もっとも素晴らしいと思った、「蒸発旅日記」という短編小説の文章である。（ここには書かないが）終わりが実にいい。「やなぎ屋主人」の完成作という気がした。

ふと今思い出したのだが、僕が本屋をやろうとした動機は、もしかして「いかるが書房」の影響があったからかもしれない。目黒区大橋の交差点にある、小さなおもちゃ屋兼本屋が、僕の本屋の出発点だったかもしれない。たしか幻燈社の本を二度ほど買いに行った記憶がある。その時、林静一の絵がついた包装紙を余分にもらったのだ。だから僕は、僕がもし本屋をやったなら、絶対、つげさんにブックカバーの絵を描いてもらおうと（友達でもないのに、なんのつながりもないのに）、それにこだわっていたのかもしれない。

なお「紅い花」のブックカバーは、文庫本用として二万枚つくり、約一年間使わせてもらった。しかし、その後はつくらなかった。いくら承諾を得たからといっても、何かいけないことをしているような気がしてならなかったからである。

第2章　書店日記

○月○日

じっくり、本を読みたいと思う。いっきに読み通して、二、三日寝こんでしまうような本を読みたいと思う。李恢成の『伽倻子のために』がそうだった。最近では、島尾敏雄の『死の棘』がそうであった。後味が悪くて、読まなければよかったと思うような、読んでいて、いたたまれなくなる小説である。

○月○日

そろそろ店を閉める頃、明日の朝、旅行に出かけるというアルバイトのM君が、裏の鍵を返しに戻ってきた。相変らず几帳面な人だなと思ったら、それだけでは終わらなかった。彼はレジに居るうちのに向かって、一気に言いだした。

「奥さん、僕を疑っているようだけど、僕はお金など盗んでいませんから、それだけを行く前に、はっきり言っておきたくて……」

一瞬、何のことだか、女房もポカンとしていた。彼の様子が普段とは違うので、何か恐ろしい予感がした。彼の頭がどうかしちゃったのじゃないだろうかと思った。店に残っていたお客さんが帰ってから、いったい何を言いたいのか聞きだしたところによると、実は、三カ月程前、自分がレジに居て、お客の出したお金を、エプロンのポケットにしまいこんだふうに、あの時、奥さんは疑いの目を持ったけれど、自分は手を入れただけで、決してお金はしまいこんでいない、もしも盗ったんではないかと思われているのなら心外だから、身の潔白を明かしてから旅立ちたいと思って……。

僕も被害妄想の気はあるけれど、M君ほど重症ではない。M君はかなりの重症だ。それも三カ月もの間、腹にためこんでいたなんて、普通じゃない。僕はもう、びっくりしたのなんのって、あまりにM君が思いつめていたというか、言いだしづらかったことを言い切った時の、半分怒っているような、M君は真剣そのものであった。そんな疑いの目をしたなんて、女房は覚えもなく、第一今まで真面目に働いているM君が、そんなことする人ではないと信じているし、もしもそうなら、その時うちのは僕に言うし、僕は聞いてないし、M君の勘違いである。ただし、M君がそう思ってしまった原因は、もしかしたら想像できないわけじゃない。それは、うちの女房は、今までニコニコしてたのが急に冷たい態度をとるというか、ポケーっと意味なく何かを見つめるようなことが考えられるからである。それはたいしたことでもなく、たびたびあるわけじゃないけれど、それがたまたまM君のお金を握った手にぶつかったため、M君がそう疑われているんだと勝手に思いこみ、信じてもらえないまま、三カ月もの間仕事をし、いざ旅行に行く前に、そのもやもやをすっきりさせたくて言いだしたことになる。

女房も僕も、あまりに突然の出来事、あなた、あの時、疑ったでしょ、という問いつめに、そんなことが一度はあったのかなと考えこんじゃうような、頭の中が急に混乱し、返事に困るような、しどろもどろの、そんなことないと言っても、まだ信じてもらえないような状態になってしまった。最後はM君の被害妄想だったんだと、落ちつきはしたけれど、彼が帰ったあと、女房は泣いた。問屋の請求額が高くて払えないわ、みたいなことをM君の前で口にしたことが原因なのか、これでも気をつかっていたのに、時々、人間関係で寂しい思いをする。

○月○日

何事かと思った。いやな奴が入ってきた。ぎこちなく、頭を下げた感じで、

「旦那さんねえ、ちょっと頼みがあるんだけど……」

いったい、何を言い出すんだろう。いやな予感がした。

「朝方、お宅に車が来るでしょ。本をおきに。その車がバックするんだよね。ピポピポって、うちとらもう少し寝かしといてくれないかなと思うのに、ピポピポってうるさくてね。そこのKさんも言ってんだよ。エンジンの音がうるさいってね。エンジンとめりゃいいんだよ。昼間来てもらうわけにはいかないのかね」

「や……それは……むり」

「じゃ、エンジンとめりゃいいんだよね。そこのM書店なんかとめてもらってるんだから」

頼み事が段々怒り調子になってきた。どうも相性が悪いというか、僕の態度が気にくわないらしい。相手の言わんとすることが何なのか、まだ僕にはつかめない。まさか何年も前から隣近所に、朝の荷物の車のことで迷惑をかけていて、急に今そのことで怒り出すなんておかしいし、なんか別のことがあるような気がして、僕は不思議そうな顔をしている。

「おれが直接運転手さんに言うのは角が立つだろう。あんた、どこで寝てるの?」

「二階です」

「聞こえないの?」

あまりにポンポン言うもんだから僕は答えられない。

「なんなら、どのくらいうるさいか、うちで寝かせてあげようか。え？　ここの道路は一方通行になっているんだから、わざわざバックしなくていいんだよね。用が済んだら、バックしないでまっすぐ行けばいいんだよ」

「じゃあ、運転手さんに早速そのように伝えますから」

と、横から女房が口を出してくれた。あまりにくどいのと、喧嘩をふっかけているような口調なので、どう答えればよかったのか気がつかなかった。

「ボケてんじゃないの」

と捨てゼリフを残してその男は出て行った。前のお菓子屋さんのところでは、マーケットの人達が四、五人こちらを見ていた。お茶やさんの旦那さんは笑っていたようにも見えた。すると、

「バックってわかってるの。バックってこうよ」

と、まだ言い足りないのか、戻ってきて、また、はじめた。自分でも頼み事が喧嘩調子に変わってしまったのを訂正するためか、

「バックしないで、まっすぐ、こう行ってくれればいいんだよ。それだけなんだから」

その日は、一日憂鬱であった。おまけに僕は風邪ぎみで鼻みずがたれ、熱が出て、まったく泣けてきそうな日であった。

この話はまだまだ続く。バカみたいな話である。早速、Kさんに、どの程度、朝の車がうるさいのか、うちのに聞きにやらせた。こっちとしては信じられないからである。もしあの男のいうことがホントなら、数年間もの間、隣近所に迷惑をかけていたわけで、それをみんな黙ってて、急にこの日にメリケンパンチをくらわせるとは情なくなってくる。だって、あの男の住んでいる所は、うちから道路をへだてて数軒先なのであり、エンジンの音がそこまで聞こえるんだったなら、隣りのMさんや前のマーケットの二階に住んでいる人なぞ、もっとうるさいわけで……。女房が少し明るい顔で帰ってきた。Kさんの奥さんのお話はこうであった。

「ここだけの話だけどね。さっきYさんがきて、ピポピポってうるさいかって聞くもんだから、てっきり、Yさんのところにくる大型トラックの音かと思って、うるさいって答えたのよ。エンジンの音はどうだっていうもんだから、エンジンの音はもっとうるさいって言ってやったの。そしたら、じゃあ、言ってくる、といって、お宅に向かっていったでしょ。そこで、はじめて早川さんのところにくる車のことを言っているんだと気がついたわけ。だから、気にしない方がいいわよ」

ひどい話である。Kさんは、うちの車のことは別段気にならないというのである。じゃあ、その男に、さっきのはお宅の車のことであって、早川さんのことじゃないと言ってくれなきゃ、けれど、Kさんにしてみれば「ここだけの話だけどね……」ということは、これ以上かかわりあいたくないのである。どうやら、夜明けに数回ピポピポって鳴らしたことがしゃくにさわったらしい。それにしても、あの男のところに時々夜中に来る大型トラックのエンジンの音は、雨が降ってきたのかと間違われるほどの音で有名なのである。

しかし、僕らは気にしないわけにはいかなかった。運送会社に電話を入れ、その旨を話し、もしも運転手さんが交替した場合でも、二度とあの男がやってくるようなことにはならないようお願いした。そして、もうバックしないでもらうようになりましたから、とお詫びかたがた報告しに行った。するとその男は居ず、その男の奥さんが「お互い様なんだから、気にしないでいいですよ」と言った。

○月○日

僕は本屋をはじめて、七、八年、勤めた月日もいれれば、もう十年となる。十年ともなれば、さぞかし、商品知識とか販売技術とか経営戦略なんてものが、少しは、身についてもよさそうなものだが、僕の身についたものは、いいわけや愚痴ばかりである。

　たとえば、どうして思うように本が入荷しないのか。どうして漫画をタダで読んでしまおうという魂胆の人間がいるのか。そして、あの、本誌から完全に飛び出してしまうような、落っこちてしまうような附録を、すまーして考え出す人間がなぜいるのか。いまだに、それにこだわっているのである。つくづく、自分は本屋には向いてないなと思う。ビニールに入れてしまえば解決するらしいが、解決してしまうということが不愉快でもあるのだ。しかし、そういうこだわりが『読書手帖』をつくろうというきっかけになったのかもしれない。これは性格的なことで、本屋以外のことをしていてもそうかもしれなくて、もしも、お風呂屋さんでも経営していたら、自分は風呂屋には向いてないなと言いながら、『お風呂だより』とか『月刊おふろ』なんてものを発行していたかもしれない。ただそれだけのことで、別に頑張っているつもりはなく、できれば、そんなことにこだわらず、ニコニコと、モクモクと本屋をやっている人の方に、僕はあこがれる。

○月○日

僕が本屋を選んだ理由は、一番、楽そうに思えたからである。風呂屋の番台のように、あれは、坐っていればいいのではないかと思った。何かを、追いかけようとするわけではないから、何かに、追いかけられるようなこともないだろうなどと、まるで、隠居するような気分でいたのだ。ところが、そうはいかなかった。学校を卒業して、もう、成績表なんかとはおさらばだと思っていたのだが、欲しい本を入れるには、成績表がものをいったのだ。売上げの違いは土地の価格の違いなのだと、いくら自分に言い聞かせても、あまりに規模が違う書店の人と出会うと、つい、ひけめを感じたりしてしまうのであった。のんびりやるつもりが、いつのまにか、がつがつするようになってしまったのである。

○月○日

『コスモス』がいまだによく売れていて、このままだと切れてしまいそうだし、何冊かまた、仕入れてこなければ駄目だなと思った。そういえば、たしか、再放送するという記事がどこかに出ていたような気がし、ならば、出版社に注文を出して、ついでに、放送日がいつなのか、聞いてみてくれないかと、うちのに頼んだ。僕は、どうも電話をかけるのが苦手で、ちょっとでも込み入った話をしなければならない場合なぞは、緊張してしまうのである。その点、うちのは全然平気で、あそこにして、ここにしてと言えば、スイスイしてくれる。しかし、今回は、かなりこたえたらしい。「うちは、放送局じゃないんだよ！」と、怒鳴られてしまったのだ。電話に出た人は、最初から無愛想で、書店名を言った時から、「アイ、用件ナーニ」という雰囲気だったらしい。「ちょっとお伺いしたいんですけど、『コスモス』の再放送する日にちを知りたいんですけど」と聞いたら、途端にさっきのセリフが飛んできて、ガチャンと切られてしまったのだ。「あれ、違うところに電話しちゃったのかな」と一瞬うたぐった。しかし、そんなはずはなかった。今までにもかけたことはあるし、その時もちゃんと、築地の朝日新聞社出版営業部にかけたのだ。じゃあ、TV局に問い合わせようかなと気をとりなおし、今度はテレビ朝日に電話をした。ところが、これはうちのがおかしくて、10チャンネルのテレビ朝日にかけるつもりが、テレビ朝日という出版社にかけてしまったのだ（あとで、うちのに聞いたら、その時はもう、なんでもいいやという気持ちだったらしい）。「あのー、そちらでは、『コスモス』の再放送日はわかりますでしょうか」と聞いたところ、「それは、朝日放送が権利を買ったので、関西方面での再放送は決まったが、東京の方はわからない。なんなら、朝日新聞社に問い合わせてみたらどうか」という返事であった。「いや、さっき聞いたんです。そしたら、うちはTV局じゃないって怒られてしまったんです」「ひどいですね。そんな出版社の本なんか、売ることないですよ」と、テレビ朝日の人は慰めてくれた。

聞き方がまずかったかもしれない。僕もうちのに頼む前に気にはなっていた。つまり、本を注文してから、ところで再放送日はいつでしたっけ、てな調子の方が、こちらの不勉強さもかくせるし……。むこうの身になればうちがかける前に、他の書店からも同じような問い合わせがいっぱいあったからかもしれない。それにしても、すごい話である。もしも、うちが、あの出版社のあの電話に出た人と同じような態度をとったらどうであろうか。お客さんが「あの本はまだ出ないんですか?」なんて聞きにきたら、「うちは出版社じゃないんだよ!」と怒鳴ってもいいのだろうか。

○月○日

書店から本の注文があった（実は、出版ニュース社発行の『日本の出版社』という本に、なぜか、早川書房と並んでうちが載っているため）。これまでにも、何度か、早川書房と間違えて、書店から売上カードが送られてきたり、本の問い合わせなどがあったが、今回のようなケースは初めてであった。「〇〇書店だけど『なんとなくクリスタル』ある?!」「……書店さんですか？」「そう、在庫あるの?!」「……ええ、……ありますけど」「なんだあ！　あるの?!」「はい」「あるなら日販回しで送ってよ!!」すごい剣幕であった。河出書房から出ているのを早川書房と間違えて、早川書店にかけてしまったのか、そこのところは、どうもはっきりしない。ただ想像するに、本がなかなか来なくて、怒りの催促だったようである。いずれにしても、うちと同じような、小さな本屋であったに違いない。

〇月〇日

椎名さんより電話。なにか書いてみないかとのこと。それも、締切は一週間か十日後で。「いや、無理です」なんて言いながらも「はい、喜んで」と受けてしまった。椎名さんとは一度お会いしたことがある。それも、図々しいことに、情報センター出版局発行の『気分はだぼだぼソース』にサインをしてもらうためであった。最初、出版社にお願いした。注文部数の何冊かをしてもらうことが出来るかと聞いたところ、「なんなら椎名さんに直接そちらに行ってもらいましょうか」ということであった。「いや、困ります」一瞬、僕はサイン会を想像してしまったのだ。僕は『さらば国分寺書店のオババ』を読んで、えらく感動してしまったから、そんな、憧れの人に会うなんて、もう、ドキドキで、なにか、落度はないか、見渡して、なにか、嫌われてしまいそうなものはないか、気が気ではなかった。その日が来た。僕は椎名さんを多少、東海林さだおのショージ君と想像していたのだが、なんと、全然違って、かっこいい人であった。礼儀正しく、男らしく、いや、まいった。うちのがあとで、僕と比較して、僕のことを、チンケな男と言うのであった。サイン会ではなかったからほっとした。だって、いくら椎名さんの本がうちで売れるからって、昼間、椎名さんのファンがこの商店街を歩いているかと思うと、不安であったからである。しかし、そんなことは、僕が心配する前に、出版社の人も椎名さんも知っていて、僕だけが、あたふたしていたのである。

○月○日

僕は勉強をした思い出が一つもない。国語の試験などで、（　）の中に接続詞を入れよという問いに、自分では自信をもって答えるのに、正解は違っていた。らりるれりらりらりらよという文法も、なんのこっちゃと思った。古文も漢文も、歴史の年号を覚えるのも、まるっきり駄目だったし、本を読んでも、読めない漢字は当然、飛ばして読んでいた。数学や英語はトラの巻があったから、少しは救われた。クラスの中には、できもしないのに、つっかえつっかえ、英文を外人のように、すかして読む人が必ず何人かいて、そういうのを聞くと、僕は虫酸《むしず》が走り、わざと、トラの巻にふってあるカタカナを読んでいた。人のせいにするのは得意だから、こんな例はいくつもある。たとえば、音楽の時間、クラッシック鑑賞があって、これもまた、きまって何人か、うっとり酔いしれる者がいて好きになれなかった。早い話、僕の心が貧弱であったからであるが、僕にはニセモノ臭く思えたのである。

素直になれないというか、段階をふんで、ものを学ぶということが出来なくなってしまったのだ。別に後悔しているわけではない。私は間違ってませんという気持ちもあり、そのうち、自分の醜さも見えてきて、僕なりに苦しむわけだが、そんな心の中や様々な出来事を、文章に表わすことが出来たらどんなにスッキリするだろうと思っている。日常では言いそびれてしまうことを、うまく人に伝えることが出来たらどんなにいいだろうと思っている。なにせ僕は、何をするにも技術など必要ないと思っている口だから、「文章の書き方」などという本もまじめに読んだことがない。しかし、何かうまいこつが本当はあるのではないかと、実は、こっそり読みたい気持ちもあるのである。

最近、野島千恵子著『駒田信二の小説教室』（文藝春秋）を読んだ。これは、素晴らしかった。「教養がなければ小説は書けないでしょうか」という問いに、「教養なんか捨てなさい」と答えている。やや、僕にも書ける資格があるのだ。「地声で書け」「知らないだろうから教えてやろうという態度をせぬこと」「低いところに目を持て」「すべてうたがえ」「りきむな、たかが小説と思え」……出てくる言葉すべて、僕は、うんうん、そうだそうだとうなずいてしまった。うなずいたからといって書けるわけではないが、書きたいことさえあれば、書けるのだという希望だけは生まれた。別に小説に限ったことではない。人と話す時もそうであろうし、本を読むということもそうであろう。ものを見る目が大事なのである。

○月○日

きれいな買い方をしていれば、きれいな本は、むこうからやってくる。

優越感を持とうとすることは、劣等感を持っている証拠である。

いいものは、あらゆるジャンルをこえ、どこにでもおさまる。

本が好きで本屋をはじめたけれど、本よりもまず、人間が好きでなければならなかった。

本よりも、本屋が好きな人は、本を、配達してくれなどとは言わない。しかし、本よりも、本の中味だけが好きな人は、牛乳のように配達してくれと言うであろう。

○月○日

プレゼント用に本を包んでほしいと頼まれる。ところが、僕はいまだにうまく包めない。キャラメルのように、厚さもあり、箱に入ったような本ならば、まああの出来だが、それでも汗だくになる。形が違うものを一緒に包むとか、附録入りのでこぼこの雑誌を包むとなると、これはもう、メチャクチャである。ならば、うまく包めるよう練習しとけばいいではないか！　と言われてしまうと返答に困るが、それは、まあ、僕だけのことで、たぶん、他の本屋さんは上手だろうからいいのだが、しかし、共通して言えることがある。それは、顔がホテッてくるのである。なぜかと言うと、お客さんがじいっと見ているのである。包もうとする手の動きを、なんかこう批判的な目で、じいっと見ているのである。そうなると熱くなってくる。もう少しうまく包めそうなものも、プンワカパンになってしまったり、紙が破れちゃったりする。どうして見ようとするのかわからない。あの視線さえ感じなければ、僕だってうまく包める。帰りに寄るから包んどいて、と言われるとホッとする。無理にそうしなくてもいいけれど、包む間、少し離れて、別な本に目をやってくれたりすると、ありがたいなと思う。

○月○日

『新文化』という業界紙に、一位から二〇位までの売行良好書を週単位で発表し、四〇〇字ほどのコメントをつけるという話があった時、一瞬ためらった。数の少なさに恥をさらすようで、つい、いいわけがましくなるのではないかと思った。昔、月単位で集計していた時も、ある中規模店の週間の集計を見て、愕然としたことがある。どうも、この数字というのは、テストの点みたいでもあるし、あなた身長何センチと聞かれているみたいでもあるし、同窓会の席上で月給の話が出た時の気分にも似ている。だからといって、実際に差があるわけではないのだが、こういう気分になることだけはたしかだ。

うちの売れた数というのは、全国の書店の平均なのではないかと思う。一〇〇万部売れた本は、うちでも一〇〇冊売れ、うちで一冊しか売れないものは、それに、一万か二万の書店数をかければ、その本の実売数になるのではないかと思う。もしも、それが当っているならば、うちの数字は、オモシロイのではないかなと思う。

○月○日

神田村取次親睦会では、今、アンケートを実施している。週に何回来ますかというような問いに、○印をつける簡単なものだ。いったいどの出版社のものが手に入りづらいのか、どういう売り方を希望とするのか、どの問屋にもっと頑張ってもらいたいのかという、買う側の一番大事な不満を書かせてはくれなかった。

僕が神田村へ行く理由は、新刊と注文品を確実に早く入れたいためである。いってみれば、大取次より適正なる敏速なる配本がないから出かけて行くのである。ホント、世話になっている店もあるけれど、まるで買うものがない店もある。本があっても買う気の起こらぬ店もある。——東武書籍、北隆館様、講談社の本をビシッと揃えて下さい。安達図書様、客を差別しないで下さい。村山書店、誠光堂書籍様、掛が高いのではないでしょうか。このままだと、水道橋に移った五六四坪の日販東京店売に負けてしまうと思うのです。

○月○日

ある出版社の営業の人に聞いた。本の注文を取りに、ある小さな書店に行った時の話だ。もちろん、たいして売れる本ではないのだが、いかに、その本が売れているかを、大型店の注文表なんかを見せて、本を説明しだし、どうしますか？　何冊にしますか？　いるんですか？　いらないいんですか？　こんな売れる本を仕入れないいんですか？　と迫ったところ、その小さな店の店長は、泣いてしまったそうだ。

笑い話ではない。売れる店に比べて、売れない店というのは、いったい何が売れそうなのかということや、どういう傾向のものが売れるのかということが、売れた本と売れなかった本との差が小さいために、よくつかめないのである。別に、数の少ないことを逆に誇示しようなんていうつもりはない。売れるか売れないかがわからない場合（本当は誰だってわからないのだが）、売りたいか売りたくないかを基準にすればいいのである。

○月○日

『本の新聞』の集まりは月に一度ある。この間は、四谷の「ぴったん」というところから、まだ、話したりないということで、夜中の十二時すぎ、新宿の「五十鈴」に向かった。

編集会議といっても、ビールを飲みながらである。持ち寄った原稿をみんなで回し読みし、次は誰が何を書くかを、その時、立候補する人がいなければ、半ば押しつけぎみに決めるだけで、あとはもっぱら雑談が多い。その間、編集人のK氏は、ピリピリ、原稿を整理し、「この字、間違っているよ」とか、「○○さん、何度言ったらわかるの。〃、〃と〃『』〃は一マスに一緒に書かないでね」などと注意する。K氏は、『新文化』という業界紙で編集をしている人で、この人がいなければ『本の新聞』は生まれてこなかったのである。

それまで、僕ら六人は、とくに親しい間がらというわけではなかった。歳かっこうは同じぐらいであるが、互いの店も人がらも実際はよく知らないのである。ポラーノさんとは、神保町の道端で度々会うが、それとて、せいぜいお昼ごはんを食べたりするだけで、ハメをはずしに遊びに行ったこともなければ、店を行き来したこともない。文鳥堂四谷店の木戸さんとも、たしかに四、五回会ってはいるが、どうも他人行儀になってしまう。茗溪堂の坂本さんとは、三年ほど前に、二、三度お店へお邪魔しただけで、今度の話が具体化するまでは一度も会ってないのである。飯田橋店の斎藤さんとは、なんと、最初の集まりの時が初めてであったくらいなのである。それが、どうしてこのメンバーになったのかは、やはり、何か通じるものがあったのだろうと思う。人とのつきあいというのは、何度会っても同じことで、第一印象でだいたい決まってしまうものなのだ。

先に到着したポラーノさんと坂本さんと斎藤さんは、もう、カウンター越しに、前にいる女の子と意気投合していた。それを知らずに、僕らK氏と木戸さんは、「坂本さんたち遅いね」などと言いながら、店の前で、ずうっと書店論を交わしていたのだった。

夜の新宿なんて、僕はもう、十何年ぶりである。そのころの僕は、何をするわけでもないのに、「風月堂」という喫茶店へ毎日のように通っていた。そこには、他の場所からはみだしてしまった人たちばかりが集まっていたような気がする。店で働く人たちは、実にふつうであった。僕は窓ぎわに坐り、バッハの「チャラチャーン……」という曲と、「裸の島」とかいう映画音楽を何度も聴いた憶えがある。何かを学んだとか、充実した日々であったとかいうわけではないけれど、僕にとっては、今はない新宿「風月堂」が、まさに、青春時代であった。

もしかして、僕は、「風月堂」みたいな喫茶店をやりたかったのかもしれない。様々な人が来て、誰をも干渉せぬような、まるで、本屋のような——。そんなことを思いながら、僕は、たまご焼きを食べた。カウンターの中で働いているおばさんたちは、顔こそ違っていたけれど、昔とそっくりであった。移り変わり激しいこの町にも、昔とおなじところがあったのである。このまま僕も本屋になりきってしまい、何十年後も、同じ場所で、何の変化もなくもしもやれていたら、さぞかしなつかしがるお客さんも出てくるであろう。あの本でなくちゃいやとか、この本でなくちゃいやとかいうことではなく、コーヒーはこれでなきゃいやとか、お酒はこれでなきゃいやとかいうことではなく、その店でコーヒーが飲めればよく、その店でお酒が飲めればよく、その店に本があればいいのである。

その日、僕は、随分とはしゃいだらしい。あとで、坂本さんに物真似までされてからかわれるけれど、僕は楽しかった。

実は、ここ一、二カ月、いや、ここ十年、気持ちが落ち込んでいたのかもしれない。本屋での様々な解決しないことや、カラッとしていない僕の性格に、僕自身嫌気がさしていたのかもしれない。一旦落ち込むと、人と会うのも怖くなるほどであった。そんな時、月一回の『本の新聞』の集まりは、僕にとっては救いでもあった。

集まって何かを解決していこうというわけではない。解決できないことや、わからないことというのは、わからないということが、正解であるかもしれないのであった。

その昔、坂本さんと木戸さんとで作った雑誌や、木戸さんのところで作った雑誌（いずれも一号しか出ていないPR誌）を見て、二人の本屋に対する姿勢というか、文章の明るさが、僕を惹きつけたのであった。本屋に関して、何か発言する時、僕は、どうも、重っくるしくなってしまい、自分でもそれが気になっていた。それは、条件の違いや、直しようもない性格の違いがあるのかもしれないが、どうしたら、ああいう明るさを持てるのか、僕もあやかりたいという気持ちがあった。

ハンサムで、スマートで、歯ぐきの色つやがとてもキレイな坂本さんは、毎年、バレンタインデーに、何人もの女性客からチョコレートを手渡されるそうだ。僕は、その話を聞いて、びっくりしてしまった。みんなも、さぞかしびっくりするのかと思ったら、ヒゲボウボウのポラーノさんまでが「ボクモヨクモラウヨ」と言い出した。今の奥さんとは、それがきっかけで結ばれたらしい。僕はあきれてしまった。斎藤さんは笑っている。カニさんのような顔をしているK氏も笑っている。ドリフターズの仲本工事にそっくりな木戸さんに「うそだよね」と同意を求めると、話題をそらそうとしたいためか、突然、「サ、サ、サンピー、サンピー」と叫び出した。

『本の新聞』の発行目的は、二つある。一、売上げを伸ばすため、二、仕事をおもしろくするためである。

○月○日

よくこんな話を聞く。嘘か本当か確かめてはいない。しかし、この噂は、実によく耳にするのだ。取次内で、中小書店の注文分から、特販の係が本を抜いてしまうという話である。どこで抜いてしまうのかはっきりしないが、番線担当者のところに行きつくまでに抜かれてしまうらしい。減数はもちろんのこと、次の再版分に回されたり、全然おとさたがない時もある。こういうことは、東販よりも日販の方が多いらしく、別な解釈をすれば、日販の方が融通がきくというおちまでついているくらいなのである。

いやそんな筈はない、と言うかもしれない。しかし、「やっぱりそうだったのか」と思えば、不可解な本の流れも納得できるのである。

版元は数通り出したという。なのに、減数されてくる。版元を疑うべきか、取次を疑うべきか、未だにわからない。わからないまま注文を出している。

○月○日

今週は二日間店を休んだため、少ない数がさらに少なくなってしまった。普段なら週に二冊の本は三十点ぐらいあるのに、今週は十二点だった。しかし、週に二冊売れたということは、うちにとっては、すごいことなのである。月にすれば、もしかして、十冊ということも考えられるからである。

ベスト20という表に、顔を出せるか出せないかは売れ方も関係してくる。バタバタッと売れる本はいいけれど、ポツンポツンと地味に売れていく本もある。週の切れ目で、冊数が分かれてしまう場合もある。正確をきすならば（二冊ぽっちで迫力ないけど）、累計を出したいところだ。いずれにしても、運が悪く、表に顔を出せない本が、僕は、いつも気になってしまう。

○月○日

万引をつかまえたことは何度かある。疲れることだし、実に後味も悪い。それより、気づかないで、あとから父親が子供を連れてきたり、突然、おまわりさんから本を戻されたりすることもある。

通常、お客さんに対して、へんだなとは思わない。なのに、へんだな、おかしいなと思う時は、やはり、へんなのである。本を見ながらレジの方に眼を配る。キョロキョロしてる。おまけに、スポッと本が入りそうな紙袋のようなものをぶら下げている。

団体で来て散らばる。A地点にあったものをB地点に持っていってしまう。急に本屋を飛び出す。

お客さんの方では、そういうつもりはないのに、そう見てしまう時もあると思う。本を持って本屋に入る時や、パカッと口の開いたバッグを持っている時など、入店を遠慮して下さいということではもちろんない。手に何かを持っていて本を探しづらい時、もしかして、疑われそうだなと思ったら、レジにいる人に「これ、ちょっとあずかっといて」と言って下さい。喜んでおあずかりします。そのように、お客さんから、気楽に言える雰囲気をつくることも、本屋の仕事の一つだと思っています。

○月○日

出版社の営業の人が時々来る。強引な人もいるからあまり好きではない。欲しい本は手配してあり、欲しくない本は頼む気はないからである。うまく配本されて来ない出版社のものについては、どうしたものか話はしたいが（だからそのくらい勝手な言い分ではあるが）、いずれにしろ、人間よりも本がちゃんと来ることの方が大事である。

大好きな出版社のSさんに、ある時、部数のことを尋ねたら、「出版社が刷部数を決めるほど、いいかげんなものはありません。部数が一番わかるのは書店さんです」と言ったひかえめな姿勢が印象的であった。葦書房の西さんは、なぜか「この本は、ここで買おうと思っていたんです」と言って本の注文を取らずに買っていかれた。本の雑誌社の目黒さんは、本を届けに来てくれた時、レジのところで直立不動であった。キョロキョロ棚など見ず、余計なことは一切言わない、その迫力に、「負けた！」と思った。

○月○日

『With』という雑誌が出た。タイトルだけでは、どういう内容の雑誌なのか、どこから発行したのか、想像もつかない。創刊号というのは、みんなそうなのかもしれないが、なんか、おもしろくない。その本が、講談社から出ようが、集英社から出ようが、結果として売れればよくて、買う側も売る側も、誰も出版社なぞ気にしていないからである。講談社らしいとか、集英社らしいとか、○○社らしいとか、そういうのがない。それは、書籍でもそうだ。何かがはやり出すと、なりふりかまわず、同じようなものが次から次へと出てくる。特別、作りたいものがあって作っているわけではないから、個性がないのは当り前だ。本をどこから出そうが、どの取次に卸そうが、どの本屋で売ろうが、そして、読者が、どこで買おうが、売れさえすれば、手に入りさえすれば、なんでもいいというのが寂しい。金太郎飴のような本屋をつくらせている原因は、まずは、出版社にあるのだ。

○月○日

岩波書店に一つだけ文句がある。『岩波書店の新刊』や『図書』に書かれてある、自社の刊行書発売日は、(取次に卸せばもう仕事は終わりといった調子で)取次に卸す日にちを書き入れているのではないだろうか。書店に入荷する日にちは、いつもそれより、一日か(日曜日を挟めば)二、三日後なのである。つまり、読者は、案内で知った日にちをたよりに書店へ足を運ぶわけだが、「すいません。まだ来てないんです」という具合になってしまうのである。取次の中で一番早く店頭に現われる鈴木書店でさえも、その日の昼すぎ入荷ということもあり、そりゃあ、午後便もある都内の有力書店には、発売日通りに入荷するであろうが、そうでない多くの書店にとっては、

「あれ、まだなの？　だって、予定では今日だったはずでしょ。○○堂には出ていたよ」と笑われ、信用を失い、売り損なってしまうのは、非常につらいことなのである。発売日明記に、御一考をお願いする。

○月○日

これは売れるだろうと思って、前もって注文する。初回に来る時もあれば、やや遅れて来る時もある。どうしたものか、一カ月ぐらいたってから来る時もある。仕入れ先で見かけても、なにせ注文済みなのだから、きっとそのうち来るだろうなんて思っていると、なかなか来ないのである。そんな時、やはり、だぶってもいいから買っておけばよかったと思う。逆に、すぐには来ないだろうと思って買ったりすると、意外に来たりする。どうも調子が悪い。いつ来るのかがはっきりしないからいけないのだ。

初回配本のしくみを知りたい。注文をどのように処理しているのかを知りたい。こういう場合はこうで、こういう場合はこうであるということをぜひとも知りたい。来ないなら来ないでもいいのだ。それがはっきりすれば、もっと売れるようになるだろうし、少なくとも返品は、必ず今より減るはずである。

○月○日

『現代用語の基礎知識』を確保するには、嘘でもいいから、どこか会社の一括採用の証明書を提出すればいいという話を、そうやって今までに店売分として入れている書店の人から聞いて、今年こそ、うちもやってみようと思う。今までうちは、毎年、申込数より入荷数が足らないために、あの重たい本を神田村から運んでいたのだ。

雑誌の創刊号なんかもそうだ。見てもいないどんなものかわかりもしないものを予約する人間がいるわけがない（もちろん少しはいるが、実際手にしてから買う人が断然多いのだ）。それを、予約者数しか送らないなんて、つまりは嘘を書けということなのである。まさか予約者名簿を出版社だって取次だって、信じているわけでもないだろうに、この習慣はなおらない。――そういう本こそ買切りにするべきなのだ。もっとまじめに販売してもらいたい。でも、もう嫌だから、うちも一括採用証明書を今年から提出します。

○月○日

僕は車が好きでない。小さい頃から乗り物に弱いということもあるが、それほど酔わなくなった今も好きにはなれない。この業界も、本の輸送はすべて車であり、車でなければどうにもならないことは百も承知だ。そういう僕個人も、こっそり、月に一度くらい夜中にタクシーを利用したり、友達の車に乗せてもらうことだってある。そして、週に二度、神田へ仕入れに行く時、もしも車だったら、もっと広範囲に回れるのに、もっと本が買えたのにと常に思っているくらいだ。第一、車の方がスマートだ。デイトだって出来るかもしれない。でも、嫌なのだ。車が嫌いなのである。

皆もきっと経験があると思う。信号がないような道端で、向こうから車が来たから、気をきかすつもりで立ちどまったりすると、運転席の男が、まるで虫ケラでも払うような手つきで、早くワタレとばかり合図する。突如、警笛にびっくりさせられたり、轢かれそうになったり、現に轢き殺されたり、パッパカパーノ、パッパパッという音を聞かされたり、中でもひどいのは、あの排気ガスだ。煙草のけむりなんか問題にするのはおかしいくらい、あれは、吸うものではない。だから車に乗っている人はちゃんと窓を閉めている。

店の前の通りは、数年前に歩道が造られた。それまで、車はあっちからもこっちからもで、オチオチ歩くことも出来なかった。今は一方通行だ。ところがこの通りで買物でもするつもりで歩こうとしたって、まっすぐ歩くことは出来ない。必ず途中で、長時間にわたって歩道に乗り上げている何台もの車に出会うからだ。よぎなく車道を歩かねばならぬ。その時、向こうから車が来れば、当然、立ちどまったりして、またオタオタさせられるわけだ。

〝お買物の散歩道〟とはほど遠い、そんなこの通りにも、お客さん用の駐車場がある。いくらいくら買えば、無料駐車券を上げますというやつだ。最近はどこでもそうだ。そういえば、仕入れ先の問屋街でもそうだ。しかし、僕は、いつも不思議に思う。車で来た人にそういうサービスをするならば、じゃあ、電車で来た人には電車賃を出すのか、自転車をこいで来た人には、歩いて来た人には、いったい何をサービスするのか、と言いたくなる。トンチンカンな論法だと言われようが、僕はそう思う。

○月○日

漫画だからといっていいかげんにしようなんていうつもりはない。他の本と同じだと思うからよけい頭にくるのだ。一時期、五列あった漫画棚も今は一列である。その一列もレジの奥に入れてしまった。ついでに、外に並べておいた漫画週刊誌もレジの脇に置く。買う気などサラサラないのに、とっかえひっかえかき回していく連中に、僕は負けてしまったのだ。おかげで前より客数は減った。しかし、約一カ月たった今、やってよかったと思っている。

実際、これは店番をしている人にしかわからないだろう。仕事が分担されたり、常にレジがたてこんでいれば気にはならないかもしれない。ところがうちみたいな小さい店では、中学生の団体などが入ってくると、ゾーッとしてしまうのである。いくらその手の本を減らしたからといって解決するわけではないが、とりあえずは、落ち着いた本屋の方を僕は望むのだ。心にまで、ハタキは持ちたくない。

○月○日

たぶん大学生であろう。めったに本屋へは顔を出さない人たちなのかもしれない。課題を与えられて、しかたなくというか、あわてて買いに来たという感じだ。入って来るなりいきなり「心理学の本はどこですか?」「哲学書はどのへんですか?」という具合に尋ねられる。大型店じゃあるまいし、そんなコーナーあるわけないじゃないかと思う。別に自慢しているわけではないが、うちは分野別に並べるというより、どちらかというと、出版社別、番号順というふうだから、たとえあったにしても散らばっているのだ。まるで「本下さい」と言われているようで調子が悪い。「たとえば、どんな本でしょうか?」「んー、じゃいいや」という会話になってしまうのである。

いい話がある。「思想の本はどこですか?」と訊きにきたお客さんに、マンガを片付けていた店の主人が何と答えたかというと、「うちに置いてある本は、全部、思想の本だよ」と答えたそうである。

○月○日

新城、中原、小杉、元住吉の各商店街から約二キロ離れた畑の中に、「ダイクマ」という大型スーパー(売場面積二〇〇〇坪)の出店計画があり、商店会ではそろって反対ののろしを上げた。内緒の話だが、僕は全然反対する気はない。だって相手は悪いことをしているわけではないし、反対したからといって撤退するわけではないからである。それは、大書店が出店してこようが同じである。たしかに売上げは下がるだろう。しかし、〈だから反対〉というのは、ちょっと虫がよすぎるのではないだろうか。もしも、自分が大型店であったなら同じことをやるだろうし、自分が店を開く時には勝手に場所を選んだように、大型店にだって自由はある。相手は勝つと思うから出てくるのである。反対する気力があるならば、普段から、出店されぬようどこにも負けない店づくりをしておくべきなのだ。うぬぼれているわけではない。寂れたら寂れたで、それもいいではないかと僕は思う。

○月○日

お客さんに話しかけられて、どうしても答えられない時がある。あるお客さんが、篠山紀信の写真集を見ながら「篠山紀信って写真へただねー」と言い出した。それも大きな声で、なぜか他のお客さんにもわざと聞こえるように言うのだ。これは返事に困る。黙っていると、「そう思わない？」って賛同を得ようとする。その人の敵は篠山紀信だけではない。詩人も小説家も敵にしてしまう。「しょうがないんだね。食うためには……」というセリフを僕は何回となく聞いた。話がそれ以上もり上がらぬよう反論はしない。かといって相槌を打つのも抵抗があり、ふにゃふにゃになってしまう。最近では、動物好きの奥さんが新書棚の本を見て、「あら、『パンツをはいたサル』だって、サルもひとりでパンツはくのかしら？　笑っちゃうわねー」と話しかけてきた。まさか、「あのー、それは、人間のことなんです」とは言えない。しかし僕は、こういう奥さんが大好きである。

○月○日

同じ本が、月に二〇冊も売れれば、僕はもう充分である。二〇冊売れたのだから、もっと売れるだろうという考え方より、この本が二〇冊売れたのだから、他のあの本だって、もっと売れてもいいはずだ、なんてつい思ってしまう。ところが、やはり、たくさん売れたものは、そのあとも売れるのであって、売れなかったものは、そのあとも売れないのである。『窓ぎわのトットちゃん』にしたって、いいかげん止まってもいいだろうにと思うのにまだ売れている。これでまた、映画化でもすれば売れるわけだし、児童書版とか、文庫化すれば、またまた売れ出すのだ。『徳川家康』にしたってそうだ。考えてみれば、まだ読んでない人の方が、断然多いわけで、だから、まだまだ売れるのだろう。

○月○日

先々月『小学五年生』の附録が一種類足らなかった。お客さんに言われて気づいたのである。組む時に二点しかなかったので変だなと思ったが気にしなかった。一種類がそっくりない場合は無理もない。表紙に書かれている附録の内容を見ても、実際はいくつなのか確認はむずかしい。十大附録と書かれてあったって、デラックス附録と書かれてあったって全然デラックスではないからである。『全国書店新聞』十月十五日号の「声の欄」に「芸能誌などのポスターなど、どれがどの附録なのかはっきりしないためうんざりさせられる。附録に苦労させられると、その本の販売意欲までなくなってしまうのは私だけだろうか」という発言があった。同感である。ワンパックにするとか、もっとおさまりのいい附録にするべきなのだ。この話をしだすとイライラしてくる。言ったところで版元は改善しないだろうし、「でも子供は喜ぶよ」などと問題をすりかえてしまうだけなのだ。

○月○日

今まで返品を取らなかった出版社が返品を取るようになったという話を、突然聞いてびっくりしたことがある。おもてだって発表したわけではないから、知っている人は知っていて、知らない人は知らないままなのである。そういう例はいくつもある。本の仕入れについてもそうだ。現に、出版社へ直接本を買いに行くことができるということを僕が知ったのは、本屋をはじめて四年ぐらいたってからだし、もしかするともっと別な方法が、他にもあるかもしれないのだ。みんな人には知られないよう(?)黙っている。みなが同じ方法をとれば、自分の取り分が少なくなるという恐れからかもしれない。そういうことでしか差がつかないからである。そのように、しむけられているのかもしれない。うまくいっている書店というのは、さも努力したからとか、能力がすぐれているからといった調子で得意気だ。いってみれば、それは、おかしな習慣を逆利用(歓迎)しているにすぎない。

○月○日

店の前がレコード屋であるため(正確には、レコード屋の前にうちが店を開いてしまったため)始終、歌が聞こえてくる。どうして、レコード屋だけ、外に音を流していいのだろうか。どうして、それがまかり通っているのだろうか。僕にはわからない。聞きたくない人にとっては、騒音となんら変わりないはずである。いや、それ以上だ。車が走る音とか、犬が吠えるとか、そういう自然な音ではなく、あれはつくられた音だからである。「あーたりまえに、生きたい」が聞こえてくるたびに、「なら、あたりまえに生きりゃあいいじゃないか」と思う。そんな具合なので、最近、貸しレコード屋が繁昌し、ふつうのレコード屋があがったりだということに関して（もちろん、よけいなお世話だが）、全然同情の余地がない。コピーしてしまえば、買うまでもないようなものを、もともと売っていたのだから、それはしかたがないのではないかと思う。

○月○日

本好きの人の中に、異常な美本マニアがいる。上から下から斜めから、本を一冊選ぶのに、なめまわすように検査するのである。それでも気に入らない場合は、店にあるものと同じ本を取りよせてほしいと頼まれる。傷があったり、「こりゃまずいや」と思われるものは当然だが、どこがまずいのか、どこに違いがあるのか、わからないものもある。美的感覚というより、顕微鏡のような眼だ。

この手のお客さんは意外と多い。それでも僕は、なるべくお客さんに合わせるようにしている。ただし、「初版で美本ありますか?」とか「帯だけ下さい」などと出版社にお願いするのは、あまりいい気分ではない。その人になりかわり、問屋で本を選別する時も、「この姿誰も見ないでね」といった感じで恥ずかしくなってくる。まるで、死んだ魚の傷口でも探しているようだ。

生き生きとした本を売りたい。

○月○日

返品期限を印すのに、本自体(あたまや裏表紙)に鉛筆で日付を書きこんでしまう書店がいる。その本がその店で売れる分には、とやかく言うすじあいはないが、返品されて、よその店に回った時のことを考えてほしい。印すなら短冊に印すか、月別色の紙をはさめばいいのだ。古本屋じゃあるまいし、本に書きこむなど常識外と思う。

うちは、その本の注文カードに書きこんでいる。「12/17④」というふうに書いて、それを最終ページにはさみなおす。裏表紙を開けるだけで、入荷日と返品月がわかるためである。売れた場合も補充するかしないかは、その日付が手がかりになる。これは僕が勤めていた「渋谷・新盛堂」の旦那さんから教わった方法である。

一つの方法をやり続けると、なかなか別な方法にきりかえることはむずかしいが、本にイタズラ書きすることだけはやめてもらいたい。まだ売れないうちはみんなの本なのだ。

○月○日

返品を減らしたい気持ちは誰にだってある。僕だって好き好んで返品しているのではない。ただし、売ろうとしたのだが、結果的に売れなかった場合はしかたがないのだ。それよりも問題にすべきことは、入荷と同時に即返品という場合である。これは、まったくの無駄だ。もしかしたら、どこかの書店では欲しがっているかもしれない。他の本屋さんにも聞いてみたところ、十箱きて五箱返しているとか、三箱きて一箱返しているとか、だいたい皆そんなふうなのだ。必要な本を注文数通りに出せないのなら、なおのこと、必要としていない本は送るべきでない。Aという本を発売日と同時に入れるには、Bというらない本までが入ってきてしまうような、今の取次のおおまかな配本をまずは改善すべきだと思う。そうなってはじめて、返品率が高いとか低いとかいう話し合いになるのであって、即返品をしたり、事前注文分が二、三週間後に来るようでは、責任は持てない。

○月○日

小さな書店が売行良好書を手に入れるには、取次や出版社の人たちと仲よくしておくことが大事だとか、パイプをつまらせぬよう、常にいい関係を保っておかなければいけないなどと、だいたいの人が言う。西谷能雄さんの『出版流通機構試論――取次店・書店・大学生協』（未来社）にもそう書いてあった。しかし、それは、おかしいのではないかと思う。（僕ができないからそう思うのかもしれないが）数の少ない本をつきあいのある書店に優先するというのは人情であろうが（だから、もしかしたら気がつかないけれどうちもそういう恩恵を受けているかもしれないが）、それはいやだ。明らかに自分の失敗で本が入らないのなら、当然のことだが文句はない。ただ、そうでないのに入らないと、僕はいまだに頭にくる。

仕入能力とか販売能力をもしも問うならば、そんなパイプの太さなんか、本来は関係ない。もっと事務的であってほしい。僕たちは、本を売っているのであって、顔を売っているのではない。

○月○日

西谷能雄著『出版流通機構試論——取次店・書店・大学生協』を読んだ。氏はこれまでにも日本エディタースクール出版部より『出版とは何か』正・続、未来社より『出版のこころ』『出版界の虚像と実像』『預金者の論理と心理』を出している。未来社の社長でもある。この業界では、かなりの発言力を持っている人だ。ところが、未来社の本は、あまり多くの本屋には出回っていない。未来社は岩波書店と同様、注文制をとっているからである。ボンボン売れるような本ではないということが大きな理由ではあるが、高正味のせいもある。書店も取次も、無理して危険負担を負いたくないからである。

そんな書店や取次に対して、氏はいらだちを感じているのだと思う。それは、氏だけではない。ひところ新聞の投書欄などに、読者からの似たような声があった。ベストセラーやコミックばかりで、ろくな本屋がないというういつものセリフだ。

本を作る。なんとか売りたい。ベストセラーをねらうような本ではないけれど、これは実に良い本だからぜひ売りたい。と、本を作る側は、みんなそう思う。誰だってそうだ。そして売るためには、本屋の棚にその本を置いてもらわなければどうにもならない。読者が実際に目にふれ、手にしなければ、本は売れていかないからである。宣伝力の少ない出版社はなおさらそうだ。

氏が同書で、出版界の抱える問題点を述べながら、再三にわたって言わんとすることは結局そのことである。〈どうしてこんな良い本を取次や書店は売ろうと努力しないのか〉ただそれだけである。僕にはそう読みとれる。つまり〈自社の本を扱っている取次や書店はえらく、売ろうとしない取次や書店は駄目だ〉という話だけなのだ。「もとより独断と偏見は避けられないから、本書がどれだけ説得力をもって迎えられるかは私には分らない」と、ことわりがしてあるように、僕の読み方にも独断と偏見があると思うが、なぜ僕がそう思ってしまうかというと、氏の文章の中に次のような言葉があるからである。

「すぐれた読書人」「まともな本」「本の分かる取次人」「目きき」「心ある書店人」——僕はこれらの言葉にどうしてもひっかかる。これらの形容詞さえなければ、もしかして氏の文章に共感を覚えたかもしれない。そのくらい、それらの言葉を使う姿勢が気になるのである。

「すぐれた」とか、「まともな」とか、「本の分る」とか、「心ある」とかいう言葉をたくみに使って、いわゆる良書を売ろうとするやり方は、ますます、氏が恐れている活字離れを生むような気がするのだ。

　僕は思う。ものを書くという行為は、自分を正当化するためにとか、自分を売りこむためにとかいうことではない。書くことによって、もしかすると自分が不利になるような、自分の醜さをさらけ出してしまうような、どんなに外に向けて書いたものでも、自分にはねかえってくるようなものでなければならない。どちらかといえば、書かなければよかったと思うようなものが、本来、書かねばならないことなのではないだろうか。

　俗にいう、良書と悪書があるとする。しかし、良書を読んでいる人間が必ずしも良い人間だとは限らない。売っている人間も作っている人間も同じことだ。これは、本屋をやっていてつくづく思う。みんな同じ人間であり、同じ本なのである。

あとがき

もともと文章を書く素質があったわけではないから、書きながら戻りながら消したりで、かなり時間をついやしてしまった。本来ならその時間、もっと仕事をしなければいけなかったかもしれないし、もしくは、本を読んでいた方が楽しかったかもしれない。しかし、言いそびれてしまう部分を書かなければ、仕事が手につかないことも事実だった。いずれにしても、「本屋さんはおもしろいか？」という問いは、かなりの難問である。でも、おもしろくしていくことはできるはずだ。

僕は、お客さんの投稿を中心にした『読書手帖』という小雑誌を出してきた。これらの文章（1〜13）は、その『読書手帖』に書いたもので、それ以外のものは、『ユリイカ』『図書新聞』『伝統と現代』『本の新聞』『本の雑誌』『日販通信』『新文化』に書いたものである。

カバーの絵を描いて下さった藤原マキさん、どうもありがとう。お礼をしなければいけない方はたくさんいますが、まずは、父と母に、そして、店を守ってくれた静代に感謝します。

一九八二年三月

早川義夫

第3章

文庫版のために

早川書店のブックカバー　絵・藤原マキ

早川
川崎市中原
044-7

1　父は僕の本を一二四冊買った

父は僕の本『ぼくは本屋のおやじさん』を一二四冊買った。これまで僕は、父に対し感謝のかの字も口にしたことがないので、その本のあとがきに書いたセリフ「まずは、父と母に感謝します」がよほどきいてしまったのかも知れない。

父がこんなに喜ぶとは思わなかった。結果論ではあるが、数を読み違えてしまった。まず、晶文社の初回刷部数三五〇〇部が少なすぎた。うちが仕入れた冊数一〇〇冊も、その倍でなければならなかった。僕は一〇〇冊あれば、一カ月はもつだろうと思ったし、もしも、動きが早ければ、すぐ追加を出せばいいし、と考えていた。

ところが、書店からの事前注文分が予想を上回ったため、版元在庫なしとなり、朝日新聞の紹介記事で、献本分までなくなってしまったらしい。

それでもまだ僕は、実際に動き出したわけではないのだから、父から発売前に「五〇冊欲しい」と言われた時も、のんきに「うん、残ったらね」なんて答えていた。父も最初は「残ったら買ってやるよ」という程度だったはずなのだ。

どうせ父は、兄弟や親戚にただであげるんだから、もらった方も、たぶんしかたなく読むのだろうから、という僕の勝手な推測で、父の注文は（なにせ親子なんだからというわけで）後回しにしたのだ。だいいち、版元在庫なしとなれば、うちで仕入れた冊数は、大事に一冊一冊売りたいし、ちょっと高いなと思いながらも買ってくれる人がまずは先なのだ。

それが甘かった。どんな読み方をされようが、どういう買われ方をしようが、父も欲しい人には変わりなかった。「なんか、品切れになりそうだから、でも、増刷するだろうから、少し待ってて」という僕の頼みを父は聞いてくれなかった。

神田三省堂で五冊、書泉で三冊、稲垣書店で二冊といった調子で買ってしまったのだ。僕は電話で、「だめだよ。そんな買い方したら、おかしいじゃないか。一冊ずつならいいけど」と言った。一冊ずつなら、買うのはたいへんだけど、そういう買い方をするのなら、悪くはないなという気持ちが実は僕にはあった。いずれにしろ、父に「増刷したら、すぐ持っていくから、それまで待っててよ」と伝えたつもりが伝わらなかった。

父は次の日も買いに行ってしまったのだ。岩本町に住んでいる父は、地元の二六堂でも買い、地下鉄で神保町に出て、またしても同じ店で、三冊とか四冊というふうに買ってしまったのだ。

僕は怒った。恥ずかしかった。情けなくなってきた。なぜ待てないのだ、待ってくれるということが愛情ではないかとまで思った。

女房は「そんな考えこむことないわよ」と言った。母も「お父さんは嬉しいんだから、しょうがないじゃない」と言った。たしかに、故意に買いあさったわけではないのだから、気にすることはないかも知れない。父にしてみれば、早く知り合いに、その本を、まるで自分が書いた本であるかのように、自慢気に渡したかっただけなのだ。

晶文社のSさんに伝えた。どう説明してよいか困った。売行きが良かったのは一人の人が買っていたなんて、増刷が決定したあとに話す話題ではない。Sさんは「そうですか」と答えた。電話の向こうで、ちょっと肩を落としたように見えた。「いや、これも、すぐ追加を出せなかったこちら側がわるいわけですし……」と言ってくれた。のちには「いや、いい話ですよ」とも言ってくれた。

きっと何回も読んだのだろう。父はすでに神田界隈の書店で、計二四冊も買ったのに、うちへの注文は、五〇冊から一〇〇冊にすると言ってきた。父の興奮した顔が浮かぶ。

僕は顔を合わせない方がいいだろうと思って、二刷の一〇〇冊は、晶文社のSさんに届けてもらうことにした。その後、父は一度店へやってきたが、何日かして、高血圧で入院してしまった。興奮するといけないので、僕はまだ見舞いに行ってない。

（『本の新聞』第16号　1982.6.25）

2　わいせつの方法

ビニール本がさわがれた時、うちも置いてみようかなと思った。評判が悪くなりそうなら、時間制をもうけて、たとえば、夜の八時ぐらいからおそくまで、突如、雑誌棚の一部を全部ビニール本でうずめたら、さぞかしその迫力で売れるのではないかと思った。

前にも一度、あれはたしか、大書店を見学しに行った帰りに思いついたことがある。同じ土俵の上でごそごそやったって、大型店にかなうわけはないのだから、ならば、大書店では扱おうとしない、扱っていても散らばっている、いわゆるいやらしい本を、あっちのジャンルからこっちのジャンルまで一堂に集めたら、おもしろいのではないかと思った。そしてその中で、本当にみんなに喜ばれる、まじめないやらしい本を選択していったら、専門店としてやっていけるのではないかと思った。

思うだけですぐ熱はさめる。そこに集まるであろうお客さんが、ナント男ばっかしではないかということに気づいたからである。あのムーッとした、つまり、僕と同じような男とばかり、毎日顔を合わさなければならないとなると、あまりいい感じはしないなと思った。まして、ふざけ半分の中高生が必ず群れをなし、ガサゴソいじくりまわしにくるに決まっているから、こりゃ精神的にもかなり不健康になる。

僕は、いやらしい本が好きだった。本を好きになったきっかけも、そのせいがたぶんにある。だから昔、うちの店で「あなたが本を好きになったきっかけは何ですか?」というアンケートをした時に、僕は期待したのだ。ところが、誰ひとりとして「いやらしい本に感動をおぼえたから」というような回答をくれた方はいなかった。それはまるで、みんなにはたくさんの女友だちがいて、僕にはいないような寂しさであった。

僕の言ういやらしい本とは、もしかしたら、あなたが考えているいやらしい本とは違うかも知れない。しかし、あなたの考えているいやらしい本も、きっと僕は好きであり、そのくらい広い範囲で好きなのだ。もちろん、いやらしい本にも一流と五流がある。しかし、芸術とか猥褻とかいう判断ではない。どちらがいやらしさにすぐれているか、ということである。

この世の中で一番いやらしいことはなんであろうか、と時々考える。いやらしいものを見に行っても、いやらしいことをしに行っても、たいして、いやらしくないからである。もっと、いやらしいものが他にあるのではないだろうかと思ってしまう。それは、裸になるべきところで裸になっていただけのことだからだ。

友人の体験談である。伊豆の温泉場に旅行して、ストリップを見に行った時の話だ。きっと、客もまばらだったかも知れない。なんだかつまらないエロ映画をやったあと、やっと一人の女性が舞台に現われた。女はうすいネグリジェを身にまとい、おもむろに下着をとったのである。その取り方も、わざとじらすような（そんな時、別にじらさなくてもいいのだが）へたな演技をしちゃって、見ている方がはずかしくなってくる。もう、恥ずかしいのはわかったから早くその先を進めて下さいと、こっちは怒りぎみでもある。すると、その女性は舞台の前方に足を投げ出し、なんと言ったかというと、「こんなもの見て、何がおもしろいの？」と、なんかこう説教じみた、さっきまで一緒にふざけていた仲間が急にまじめになったような口調になり、逃げ出したくなるような間《ま》をつくったのである。きっと、友人は答えなかっただろう。それとも、機嫌をそこねぬよう「お願い見せて」という顔をしたかも知れない。今、黙って席を立ったら、捨てゼリフを背中にあびせられるだろうと感じるほど、さっきのへたな演技に似合うすごさをその女性は持っていたのである。

別にお金を払っているからといって威張るわけではないが、どうしてストリップを仕事にしている女性が、ホレ、見たけりゃ見せてやるよというふうに、ホレホレてな、やけくそぎみになるのであろうか。恥ずかしさがあるわけでもないだろうに、いや、やはりプロ意識がないから恥ずかしいのかも知れない。それをかくすために客をなめるようにしているのかも知れない。そんな時、どうしてオレはこんなところに来てしまったのだろうと思いつつも、一応もう少し見ようか、もしかして次はいいかも知れないからなんて期待するのである。結局、同じ女性が衣装をかえて出てきただけで、笑い話にでもしなければ、おさまりがつかなかったようだ。

僕も昔、誘惑に負けて何回か行ったことがある。しかし、どうもあのフトンをパタパタしきにきたり、ドタバタしまいにきたり、踊り子がそでに引っこんだまま、なかなか出てこなかったり、出てくる時は突然スッポンポンであったり、誰が好むのか知らないが、女剣劇みたいなものもあったりして、拍手を強要したり、ほこりっぽく便所臭く、そんなわけで、好きなんだけど好きじゃないのである。もっとやりようがあるだろうに、どうせあそこまで見せるのなら、もっとうまい見せ方があるだろうにと思ってしまう。客は見るのが好きで来ているのだから、出演者は、見せるのが好きでなければならないのだ。

それはストリップに限らず、ピンク業界すべてに言える。なぜにピンクの業界だけ、だまされて当たり前みたいな風潮があるのだろうか。エロ本を作る人間もそうだ。こんな程度でよかんべみたいなものが多い。別に僕は、性解放を叫んでいるのではない。こそこそと夢の世界を描いてもらいたいだけなのだ。

言い古されたたとえかも知れないが、昔よく、「もっとマジメにやれ」と踊り子に声をかけた客がいるというが、そのマジメとは、あらためていうまでもなく、いやらしいことをマジメにやってもらいたいという意味なのである。

（『本の新聞』第10号 1981.12.25）

3　立ち読みについて

これから書くことは、立ち読みがいいとか悪いとかいう話ではない。それは、悪いに決まっているのだ。その決まっていることを、あえて言わねばならないことに腹立たしさがある。

ましてや、立ち読みはこのように恥ずかしい行為なのだ、ということを、なんとか立証させることができても、これを読んでくれる人は、本来はじめから読む必要のない人だし、読んで、ぜひとも反省してもらいたい人は、まず、読みはしないだろうということが、書く気力を失わせる原因にもなっている。

言ったところで、何も変わらない。かえってマイナスであろう。しかし、僕は書こうと思う。もう一度リングに上がろうと思う。立ち読みは、僕に与えられた唯一のテーマのような気がするのだ。

話し始める前に、立ち読みという言葉の定義から始めねばならない。僕の言う立ち読みとは、いわゆる通常のお客さんが普段しているような立ち読みを指しているのではない。つまり、なにかおもしろい本ないかなという感じで本屋に入り、これどういうのかなといって、ところどころ、ちょっと拾い読みするような立ち読みを指しているのではない。たとえ、その本を買わずとも、それは立ち読みとは言わない。

僕の言う立ち読みとは、買う気などさらさらないのに本屋へ入り、ただで、そっくり、まるごと読んでしまおうという魂胆の持ち主の人のことを言う。「えっ、そういう人っているの?」と言われればいるのである。「でも、買う気なのか、買わない気なのか、区別できるのかな?」と言われれば、できるのである(その点については、こんなところで威張ってもしょうがないが、プロになってしまったくらいだ)。だって、買う気があるなら、その本をこの場所で最後まで読みはしない。だいたい、買わない人に限って態度がわるい。買う人や買う気のある人というのは、本と本屋を大事にする。これは、実に正比例している。

まあ、人数としては、それほど多いわけではない。ちょうど、電車の中の一車両に一人か二人、二人分の席を占領してしまう大股びらきの人がよくいるけれど、そのぐらいの割合である。もしくは、ウォークマンで(それ自体は悪くないが)、シャカシヤカと音が外にもれていることに気づいてない人ぐらいの割合である。

でも、そういう人っていうのは、どこの場所にもいて、別に本屋に限ったわけではないし、商売をしている以上、しかたがないことなのではないかと言われるかも知れない。たしかに、マナーの問題とすれば、喫茶店にも映画館にも飲み屋にもおかしなのはいる。しかし、飲み屋でぐだぐだ言う人だって、映画館で帽子をとらない人だって、喫茶店でコーヒーのクリームを標準以上に入れてしまう人だって、みなそれなりに代金を払った上でのことなのだ。


先日もこんなことがあった。その日はちょうど町内のお祭りの日で、となりの空き地に神酒所が立ち、子供がでたらめに打つ太鼓の音を僕は一日中じいっと聞いていたのだった。

もともと、僕は祭り事が好きでなく、とくに、粋なかっこうで神輿をかつぐあの大人たちの、あのかけ声を聞くと、なぜか鳥肌が立ってくるくらいで（もちろん、これは僕個人の問題だから、それについてどうのこうのというつもりはないが）、うちの店の前で、みなが一休みし、お酒を飲んでいる時も、僕は何事もないように中で仕事をしていたのだった。

するとき、酒を飲み終えた赤ら顔の男が一人、威勢よく店に入ってきて、（酒が入っているからなのか、それとも照れくさいのを照れくさくないようにするためか）わざと子供っぽく、大きな声で、「マンガ立ち読みしーよお」と宣言して入ってきたのだ。そして、「『ガクラン八年組』はどこだー」と言いながら、店の中を一周し、マンガの棚を見つけ、一冊とりだし、そばにあった踏み台にちゃっかり坐り、まるでこれから縁台将棋でもするかのような足組みをして読み出したのである。

僕は唖然とした。最初「マンガ立ち読みしーよお」と言いながら入ってきた時、レジにいるうちのと眼が合い、うちのが少しにっこりしたふうだったので、気まずくなってはいけない商店街の人なのか、それともよく買う人で、ふざけているのかなと思った。

「何あれ？」と聞くと、「飲んでいるからやめなさい」とうちのが首をふる。たしかに、さっきまでエンヤッウッチャというかけ声で神輿をかついでいたのだから、なにせ血が燃えているのだから、僕がへたに注意でもしたら、「なにお！」とたんかを切り出しそうな気がした。

しばらくして（もうその男は二冊目を読み出しているのだが）、うちのが「お神輿出ちゃいましたよ」と言いにいったら、「いいのいいの」と言って、三冊目にとりかかったのである。

例をあげだすときりがないが、もう一ついってみよう。

それは、雨が降ってない日なのに雨傘を持った男が（これも二十五、六の体格のいい男なのだが）、マンガの棚の前で、うんちんぐスタイルになり、マンガを読み始めたのである。

その男は最近来るようになり、外の週刊誌から中のSF小説まで、一通り、およそ二時間立ち読みしていく男で、なにせ、本に寄りかかったり、本をまともに戻さなかったりで、機会さえあれば注意しようとねらっていた男であった。

だから、何冊目かにとりかかった時、うちのが注意したのだった（いつもうちのが注意して、僕が注意しないふうだが、それは当たっている。男が注意するより、女の方があたりがいいだろうということと、ホントに僕は注意するのが嫌いで、もう爆発寸前という感じが顔に出てしまっている状態なので）。

その時、僕はたまたま倉庫にいた。すると、バタンガタンという音が聞こえてきたので、「あれ？」と思ったが、きっと、お客さんが本を取ろうとして落っことしてしまったのだろうと思い、こういう時、あわてて出ていくのはかえって大げさになるから、そのままにしていたら、ピンポーンとレジから電話が鳴った。

うちのが真っ青な顔で、「ちょっと怖い」と言う。ふてくされた男が傘をぶらつかせて、店の中をうろついているのだ。

まさか（そういえば、テレビの音がうるさいといって、中野の方で五人殺された事件があった翌日か翌々日だった気がする）、その男が「俺のことをバカにしやがって」という勝手な動機で、傘の先で刺しはしないだろうかと、一瞬思ったが、ならばこっちだって、喧嘩はできないけれど、できないということは、刺すことはできるんだぞという顔つきでにらみ返した。男は出て行ったが、また、外の週刊誌を読んでいる。さっきの物音は、男が傘か手で棚の本をつっついた音であったのだ。


なにも、最近一番印象の強い例を持ち出して「ね、すごいでしょ」というふうに話をもっていこうというつもりではない。祭り男や傘男ほどでないにしろ、立ち読みしている人たちの心の中はみな同じだ。「立ち読みして何が悪い！」みな、そう考えている。だから、やんわり注意したって、強く言ったってトボケているのが多いし、「あっすいません」という態度はなく、逆に「かんじ悪い店だな」という顔つきに必ずなる。

その精神が気に入らない。立ち読みをゆるす風潮が気に入らない。読みたきゃ、買やーいいじゃないかと思う。バカじゃないかと思う。

一歩ゆずって、僕は小学生ぐらいの子供なら、まだゆるせる。ひどければ、まだ気楽に注意ができるからいい。しかし、中学生、高校生、大人となるともう駄目だ。

いったい何を勘違いしているのだろう。万引きのように、ものがなくなってしまうのとは違うのだから、いいと思っているのだろうか。最後まで読んだって（せいぜい手垢がつく程度で）、別にへるわけではないのだからいいと思っているのだろうか。へるわけじゃないんだからと言うのなら、風俗はただになってしまう。痴漢は罪にならない。

（『本の新聞』第21号　1982.11.25）

4　飴置きおばさんの話

ただ見ちゃ悪いからといって、袋づめのあめを置いていくおばさんがいる。

そのおばさんは、いっつもそうで、百科事典で調べるようなことがらを、たずねたり調べたりするだけで、今までに一度も買ったことがない。その間に、喋るだけ喋って、最後にあめを置いていくのである。

今回は唄の文句を調べにきた。はじめ「童謡の本あるかしら」というので、（ああまただな）と思いながら、でもしかたなく、野ばら社の『こどものうた』や『童謡唱歌集』などを見せた。しばらくするとレジに寄ってきて、その日は唄い出したのである。

「一丁目の子供　駆け駆け帰れ　二丁目の子供　泣き泣き逃げた　三丁目……四丁目……」

まさか唄まで唄い出すとは思わなかったので、僕はあきれてしまった。店のお客さんも一斉に見ている。

「さとうさんもの知りだから調べてきてよって言われちゃってね。本屋さんに聞けばわかるだろうと思って、お兄さん知ってたら教えてほしいんだけど、詞は与謝野晶子なのよ。一丁目が駆けるだったかしらね。二丁目が……、三丁目はどうだったかしらね……」

立板に水というのだろうか。とめどなく喋る。おまけにキーが高く、間がない。なんか一人芝居をしている口調なので、ひどくうるさく感じる。

前回はこうだ。

「三公社五現業の三公社ってナント何となんでしょ。五現業の……と、……と……はわかってるんだけどあとは何だったかしらね……」

いつもそうなのだ。あたしはこれだけは知っているけれど、ここだけがわからないのよねーという言い方を必ずする。ここだけを知っているということを、やけに強調するわりには、与謝野晶子じゃなくて野口雨情だったのだが。

僕は「わかりません」と答える。前でこりたので相手になりたくないのである。それでもおばさんは気にしない。喋る。唄う。

おばさんの躁と僕の鬱との戦いだ……。そして、いつもの手だ。手さげ袋からあめをとりだし「ただ見ちゃ悪いから」といってレジ台にさっと置く。僕はあわてて「いいです、いらないです」と返そうとするのだが、おばさんはすっと離れてしまい、また本のあったところで調べ出すのであった。

お客さんの中にHさんがいた。Hさんは僕と顔を見合わせ、気持ちわかりますよ、という感じで苦笑いした。僕はいったいどんな顔をすればいいのだろう。

Hさんはハッとひらめいたらしい。別な棚に置いてあった岩波の『日本童謡集』を持ってきて、〈うたいだし索引〉のページをひらき、「ほら、ここに載ってますよ」と僕に教えてくれたのである。僕は、別なお客さんと応対中だったのと、(あっどうしよう)という気持ちで、Hさんにはろくなお礼も言えなかった。

Hさんはやさしくて親切な人だ。しかし、僕は世界一性格が悪い。あっそうか、この本を最初に見せればよかったのか、というふうに素直にはなれなかったのである。僕としては、あのおばさんだけには、たとえ知っていても、話したくない気持ちだった。

僕がつくづく本屋に向いてないなと思う時は、そんな時だ。

帰り際、僕はもう一度、これいらないですからといって、あめを返そうとすると、おばさんは「いいの、いいの」と手をふり、笑いながら帰って行った。僕は、そのいやらしい図々しさをゴミバコに捨てた。

(『本の新聞』第32号 1983.10.25)

5　いごこち

本屋を真剣にやめようと思ったことがある。店を貸すか売るかすれば、なんとかやっていけそうな見通しがついたからだ。

やめて何をしようか、何も思いつかなかったが、とにかくやめようと思った。そのくらいやめたかった。しばらくボーッとしていれば、そのうち何か出てくるだろう。何もしないと、急に老け込んだり犯罪者になってしまいそうな気もしたが、閉店日を決め、挨拶文を考え、棚の本を徐々に減らし、やめる準備を着々と進めていった。

やり方がまずかったのだろう。考え方がいけなかったのかも知れない。それとも、性格なのだろうか。月のうち半分以上楽しくなかった。うまくいかないことや嫌なことが解決されないままだった。ずうっと忙しかった。何かが犠牲になって商売が成り立っているように感じた。人と接するのが苦手で、つくづく商売が向いてないなと思った。きっかけさえあれば、いつでもやめようと思っていた。

父が死んで、ひとりっきりになってしまった母と、一緒に住もうかなと考えたのがいわばきっかけだった。でも、親孝行をしたい気持ちと店を続けるかどうかは別問題で、他に兄弟もいたから、その結論は出さなかった。

そろそろ、店に「閉店」のポスターを貼らねばならない。本当にやめるんだなと思ったら、ちょっと悲しくなった。あんなにやめたがっていたのに、いざやめるとなると妙に感傷的になる。腹を立てたことや、少しは楽しかったことや、いろんなお客さんの顔が浮かぶ。やめてのんびり出来るだろうか。わずらわしさから逃れても、また、別なわずらわしさがやって来るのではないだろうか。

そんなある日、外出先から、夜、店に戻った僕は、何故かホッとしている自分を発見したのである。開店してから十八年、何ひとつ改装していない、この何でもない店の色合いや、空間や、早川書店という匂いや、流れてくる音楽が、今の自分にぴったりしているような気がした。いままで、いごこちが悪いとばかり思っていた自分の店が、もしかすると、他の場所よりいいのではないかと思った。

その日は、母親の家と、昔、行ったことのある喫茶店に行ってきた。やめたら、さぞかし暇でこんな寄り道をするだろうななんて思ったのだが、全然面白くなかった。考えてみれば、お酒を飲むのも食事をするのも、たとえば、映画を観るのも（恋人がいたら別だけど）、僕は外に出かけていくより（家庭を持ってからは）、家の方がまるで落ち着くのだ。買い物は好きだけど、（海とか山とか広々としたところは別にして）他人の場所で、長時間落ち着けるところを僕は知らない。会社員になれなかったのもそのせいだ。

人間よりも本にかこまれたいがために本屋を始めたつもりが、売る側に立つと、本屋は電車の中みたいで、人間にかこまれてしまうのであった。しかし、夜こうして、二、三人のお客さんがいる店内のレジに坐って、頬杖でもついていると、ここが自分の部屋なんだなと思えてくる。けっしてひとりぽっちではなく、かといって話をしなければならないわけでもなく。一日のうち、ほんの数時間だけど、僕が落ち着ける場所はここしかないのではないかと思った。それを今、自分から取り上げてはいけないなと思った。そう思ったら少し元気になった。

この仕事が自分には向いていないと思う。しかし、何が向いているかといえば何もない。いごこちのよさそうなところが、他にありそうな気がするのだが、どこにもない。

（『ヴューザワーク』一九九二年四月号）

6　弱さこそが正しいのだ

昔から挨拶が苦手であった。近所の人と、ほんの一言挨拶を交わすだけでも、ぎこちなくなってしまう。親しくなれば普通に話せるのだが、情けないことに、目上の人や、憧れている人に会う時など、ひどく緊張してしまう。とくに駄目なのが、大勢の人を前に話をするといったような場合で、これは許していただきたい。

この挨拶が出来ないということが、人とのつきあいや、仕事をかなり左右してきたと思う。女友達が少ないのも、きっとそのせいだし、いわゆる会社勤めが出来ず、細々と本屋を営んだのもそのせいであった。最近は見かけないが、電信柱に貼ってあった「赤面対人恐怖症」のポスターがしばしば僕を呼んでいた。音と人が怖かった。いや、過去の話ではない。いまだにそうである。

本屋のレジに坐って、学んだことがある。それは、決して僕だけが気が弱いのではなく、同じように気が弱い人がたくさんいるということだ。たとえば、つり銭を受け取る時に手が震えてしまう人がいる。しかし、それはちっともおかしくなかったし、僕にはかえってステキに思えた。そういう人が居心地のいい店でありたかった。「大丈夫ですよって、手を握りしめたくなってしまう」と妻が言えば、娘も「頑張ってね」と声をかけたくなるらしい。ドキドキしながらHな本を買った人にもだ（もちろん、その手の本をさわやかに買えるに越したことはないが）。

僕たちは、気取った人や威張った人に、もっとも弱さを感じた。自分の弱さを認めるのが強さなのではないだろうか。

僕は今、歌を歌おうとしている。才能はない。技術もない。なおかつ、あがり症だ。その僕がどうして人前で歌おうとしているのか、自分でもよくわからない。日常で言いそびれたことを、非日常の世界で吐き出したいのかも知れない。「弱さが正しいのだ」ということを証明したいのかも知れない。「この世で一番キレイなもの」が何なのかを知りたいのだ。

（ハヤカワ文庫『夏のブックパーティー1996』〈解説目録〉）

7 つげ義春とつげ春乱

つげ義春にあこがれて、つげ春乱という名で、歌を発表したことがある。一九六八年、〈堕天使ロック〉〈花が咲いて〉〈君をさらって〉がそうだった。ペンネームを使ったのは、版権の事情があってのことだったが、それにしても、今思うと、恥ずかしくもあり、図々しくもあった。

その後、僕は音楽をやめ、二十数年、本屋を営んでいたわけだが、十年ほど前から、再び歌うようになり、今はもう、そのことはいっさいなかったかのように、本名で通している。

つげさんの漫画との出合いは、十八から二十歳の頃だった。「沼」「チーコ」「海辺の叙景」「紅い花」「もっきり屋の少女」「やなぎ屋主人」……。毎月『ガロ』が楽しみだった。僕は新宿風月堂に通い、劇団とバンドに夢中な時期だった。

今思うと、一九七二年『夜行』に載った「夢の散歩」「夏のおもいで」あたりから、いっそう大ファンになった気がする。

「懐かしいひと」「義男の青春」「必殺するめ固め」「無能の人」などを読んだのは、もう本屋をやっていた時期だ。よく作家は、処女作を超えられないというような言い方をされるが、つげさんは、新作であればあるほど、どんどん素晴らしくなって行く。「別離」など、僕は一番好きだ。

作品は決して明るくないけれど、その暗さの中に、ほんの少しユーモアがあり、なおかつ、ちょっとエロチックで。そこが僕は好きだ。

文章もいい。「蒸発旅日記」などは、短篇小説のようだ。「ひどいブスだったら困るけど、少しくらいなら我慢しよう」というセリフが、なぜか、好きだ。

しかし、あまり惚れ込むのは、まずい。人と接するのがひどく苦痛の時期が僕もあり、「いっそ犯罪者になってしまったほうが、もはや自分は正常な人間とはみられないから、かえって異常者として大手を振って生きていけるような気持ちになっていた」（「犯罪・空腹・宗教」）というような文章を読むと、本当に自分もそうなってしまいそうな危険を感じた。

本屋のブックカバーに絵を描いてもらおうと、思い切ってつげさんに電話をしたことがある。もちろん、ドキドキしながらだ。絶対、断られるだろうと思ったから、初めから代案を考えていた。

「あのー、ブックカバーに絵を描いていただきたいのですが」「古本屋さんですか?」「いえ、ふつうの新刊本屋なんです」「……ぼくはデザイン的なことはしませんから」「いえ、あの、デザインではなく、何か一枚絵を描いていただけたら」「いや、それは無理です」「そうですか。では、『紅い花』の一部分を使わせてもらうというのはどうでしょうか?」「あっ、それならいいですよ。ぼくは、自分の作品がどう扱われようとかまいませんから」という返事だった。

どう扱われようとかまわない、という考え方がすごかった。作品を切り取ろうが、どんな解釈をされようが、どのように映像化されようが、もとのつげ作品が壊れるわけがない。ビートルズの音楽と同じである。誰がカバーをしても、ビートルズを超えられない。揺るがない。そういう力を持っている。

「紅い花」のブックカバーは、「のうキクチサヨコ」「うん」「眠れや……」の最後の二コマを左右に配置した、いい感じのものであった。しかし、約一年間使用しただけで止めてしまった。いくら、承諾を得たからといっても、やはり、いけないことをしているような気がしたからだ。

にもかかわらず、僕はまた、お願いした。今度は、『ぼくは本屋のおやじさん』（一九八二年）という本を晶文社から出す時、表紙の絵を奥様の藤原マキさんにお願いした。マキさんに「もしも、マキさんが本屋さんをやったらというイメージで描いていただけると嬉しいのですが」と話した。

本屋の奥の部屋で、丸いちゃぶ台のお皿の上にある魚の骨を猫が手を伸ばして取ろうとしている、それを柱にもたれながら僕が微笑んで見ている絵だ。

すっかり気にいってしまったので、今度は、本屋のカバー、雑誌袋、しおりもマキさんにお願いした。これらも素晴らしかった。だるまストーブのある小学校の教室で居眠りしている女の子。たぶん、マキさんの少女時代なのだろう。こたつの中でおかっぱ頭の女の子がうとうとしている。外は雪が降っている。しおりはカラーで、お人形さんとか、柱時計とか、五点描いてもらった。一九九五年に閉店するまで、ずうっと使わせてもらった。

まだ、終わっていない。次は《恥ずかしい僕の人生》（一九九七年）というCDジャケットに、つげさんの絵を使わせてもらった。おまわりさんに呼び止められそうなあの不審な男が後ろ姿で自転車を引いている絵だ。歌詞カードにも、気に入っている漫画のワンシーンを九点使わせてもらった。たとえば、「海辺の叙景」の「いい感じよ」とか、「探石行」の中の主人公の背中にもみじがパラパラと落ちてくる場面だ。

ファンは勝手なもので、正直、僕はつげさんの貸本時代の漫画に、さほど愛着がない。もちろん、マニアの方にとっては、単行本未収録作品は魅力的だろうし、(縁起でもないけれど) たとえば死後、未発表のノートや書簡や日記まで望まれるだろうが、僕はたぶん興味がない。それより、今のつげさんの作品を見たい。それとも、つげさんは、もう、すべてを出し切ってしまったのだろうか。

今、つげさんは何をしているのだろう。何を考えているのだろうか。いや、実生活を知りたいのではない。ただ、新作を発表してくれたらと思う。僕はつげさんの描く女性が好きだ。前髪をきちんと揃えた女の子、ちょっと肉感的な女性。好みが同じだ。すごい恋をして、ひどい失恋をして、また作品が生まれたらいいなと思う。もしくは、目に見えない、心や魂の問題を絵にしてくれたらなーと、つげ春乱は密かに思い続けている。

(『つげ義春初期傑作短編集』第三巻解説 (講談社) 2003.6.23)

絵・藤原マキ
早川書店
川崎市中原区新城1-16-12
044-755-4816

絵・藤原マキ
早川書店
川崎市中原区新城1-16-12
044-755-4816

絵・藤原マキ
早川書店
川崎市中原区新城1-16-12
044-755-4816

絵・藤原マキ
早川書店
川崎市中原区新城1-16-12
044-755-4816

絵・藤原マキ
早川書店
川崎市中原区新城1-16-12
044-755-4816

早川書店のしおり
絵・藤原マキ

8　本屋から歌手にもどって

本屋の夢ばかり見る。店を閉めてからもう七年も経つのに、いまだに見る。たとえば、妻が通路に編物の本をずらーっと並べてしまうので、何やってんだよと怒ったりするような、そんな夢で、目が覚める。

よっぽど苦労したからだろうか、それとも楽しかったからだろうか。わからない。とにかく、僕の中では、いまだに本屋が続いているのである。

十八歳から二十一歳ぐらいまで、僕は歌を歌っていた。売れなかった。グループは解散し、制作の仕事に回ったが、やめた。勝手な言い草だが、いわゆる、ふざけたり、かっこつけたりする若者の顔が無性に嫌になった。二十三歳だった。早くおじいさんになりたかった。

ファンであったという人から「もう歌わないんですか?」と尋ねられた時、「なぜ生きているんですか?」と問われているような錯覚に陥ったが、「五十か六十になったらまた歌いますよ」と僕は冗談まじりに答えた。しかし、それは案外本気だった。どんなに月日が流れても、僕は何一つ変わらない。いつの時代も、変わるのは風景だけだ。

二十五歳で店を持った。本屋を選んだのは、風呂屋の番台のように、猫でも抱いていれば、毎日が過ぎていくだろうと思ったからだが、それは、まったくの大きな勘違いであった。

そんな苦労話や笑い話は、『ぼくは本屋のおやじさん』という本に書いたことだが、小さな町の小さな本屋は、本を揃えたくとも、欲しい本は入って来ないのである。考えてみれば、しかたがないことであった。たとえば、初版五〇〇〇部の本をどうやって全国二万軒の書店に行き渡らせることが出来ようか。

時々「俺は本が好きだぞ」みたいなお客さんから、「新聞広告が出ているのに、どうしてないの？」とバカにされることはあったが、そのたびに僕は、街を作るのも、店の棚を作るのも、同じ街に住んでいる人たちなのにな一と思った。

幸いいいお客さんに恵まれ、気さくな本屋仲間ともめぐり逢い、本屋は楽しかったが、このまま終わっていいのだろうかと思った。もしも、このまま死んでしまったら、自分の身体はちゃんと燃えないのではないかと思った。かつて、音楽を中途半端な状態でやめてしまったという、気持ち悪さがあったからだ。

何かやり残していることがあるような、自分が何者なのかを知りたくなったのだ。笑われてもかまわない。これから下り坂という時に、今度は若い頃に戻りたくなってしまったのである。

恋をした。僕は再び歌を作るようになった。ブランクとか技術とか才能は関係ない。下手だっていい。伝えたいことと、伝えたい人がいれば、歌は生まれて来るのだ。もしも、歌いたいことがなければ、歌わないことが、歌っていることなのだ。僕は「歌わなかった二十数年間、実は歌っていたんだね」と思われるように、歌を歌いたかった。

復活後の最初の仕事はBSテレビの収録だった。僕は緊張のあまり、何度もトチッてしまった。逃げ出したくなるほど恥ずかしかった。ところが、その時、ディレクターから「早川さん、全然おかしくありませんから、僕はこの歌が好きになって、何度も聴けて幸せだと思っているくらいですから。途中でやめてもいいですし、プロとして最後まで歌ってもいいですし、時間はいくらでもありますから」と勇気づけられた。

僕は下を向きながら、ああ、僕の求めている場所はここなのだ、と思った。この綱の上を歩いて行けば、そこに、たどりつけるような気がした。本屋での「いらっしゃいませ」「ありがとうございます」の世界には、そんな感動はなかったからだ。

しかし、それはとんでもない間違いであった。閉店の日、僕は泣いてばかりいた。棚を見ているだけで、涙がこぼれて来た。これまでに、一度も喋ったことのないお客さんからも「寂しい」と言われたり、「残念です」とか「元気でね」と声をかけられた。花束や手紙をもらった。いつもよりずっと長くいて、棚をひとつひとつ丁寧に見て回る人もいた。何も語らず、たくさん本を買っていく人もいた。

本屋での「いらっしゃいませ」「ありがとうございます」の世界にも感動はあったのだ。小説や映画やステージの上だけに感動があるのではない。こうした何でもない日常の世界に、それは、目に見えないくらいの小さな感動なのだが、毎日積み重なっていたのだということを僕は閉店の日にお客さんから学んだ。

このことは一生忘れない。なにも歌を作ったり、人前で歌ったりすることが素晴らしいことでも、ましてや、かっこいいわけでもない。日常で歌が歌えていれば、それに越したことはない。日常をいきいきと暮らし、毎日が幸せなら、わざわざ歌を作って歌う必要などない。

寂しいから歌うのだ。悲しいから歌うのだ。何かが欠けているから歌うのだ。精神が普通であれば、ちっともおかしくなければ、叫ぶ必要も心をあらわにする必要も楽器を震わせる必要もない。歌わざるを得ないから歌うのだ。

先日、ある本屋で、つり銭を手のひらにポトッと落とされたことがある。思わず、お金が落ちそうになったので慌てた。「えっ、俺の手、そんなに汚いの？」と思った。その話を他の人にしたら、「私もされたことがある」と言っていたから、どうも僕だけではないらしい。レジにいた女の子は、他人と接することはできない潔癖症なのだろう。

その逆に、ある大きなマーケットのレジで、「ありがとうございました。またお越しくださいませ」と頭を下げながら、おつりを渡された時、手のひらを両手で包まれたことがあった。その時は感激した。「あれ、俺のこと好きなのかな」と思った。一瞬、ポカンとしてしまった。でも、次のお客さんに対しても同じように丁寧でてきぱきとしていたから、僕の勘違いだったのだが、それでもなごりおしく、「お友達になりたいな」と思ったものだった。後日、同じマーケットに行き、レジを見渡したが、彼女を見つけることは出来ず、おつりを両手で包んで渡してくれるのは、結局その人だけだった。店の方針とか店員教育ではなく、人柄だったのだ。たましいだったのだ。

美味しいとか美味しくないとか、商品が揃っているかいないかは、もちろん大切だが、それ以上に接客態度は重要だ。僕などは、たとえ美味しくても、いくら商品が揃っていても、感じが悪ければ二度と行かない。別にお得意さんを大切にというのではない。むしろ逆だ。お得意さんのふりをしている人には、なるべく事務的にし、いわゆる手のかからない、普通のお客さんに対してこそ、優しくする店がいい。サービスは、幸せと同じように、求めないとやって来るのだ。

瀬戸内寂聴の「この人はひょっとしたら観音さまかもしれない」という言葉を思い出した。嫌だなと思った人のことを、もしかしたら、観音様なのかも知れないと思えば、嫌でなくなるというのだ。悟ったわけではないけれど、人を観音様だと思うことは、自分が観音様になれる道なのではないだろうか。

最近、思ったこと。すべての過去は、あれで良かったのだと思うようになった。数々の失敗も、出会いも別れも、その道を選んだのも、あの道を選ばなかったのも、すべてあれで良かったのだと思うようになった。もちろん、あの時、ああすれば良かった、こうすれば良かったというのはあるけれど、そして今、特別幸せなわけではないけれど、今の僕があるのは、僕の過去のおかげなのだ。

いいものは、うるさくない。月や太陽のように黙っている。もう二度と会えぬ人たちも黙っている。耳を澄ませば聴こえて来るかも知れないけれど。考えてみれば、僕たちの心やたましいは、いつだって黙っている。本のように、黙っている。

（『有隣』第４２３号（有隣堂）2003.2.10）

解説　僕が本屋のおやじにならなかった理由

大槻ケンヂ

若いころ、本屋さんになりたいと思ったことがあった。

好きな本だけ集めた小さな、早川義夫さん風に言うなら「たばこ屋兼本屋みたいな」「猫でも抱いて一日中坐っていれば、毎日が過ぎていくような、そんなのどかな」店を持って早く「おじいさんになれたら」と思っていたことがあった。

早川さんは二十三歳の時にそう考えたそうだ。僕は二十四歳の時であった。大学を中退してデビューした筋肉少女帯が、思いのほかパッと売れてしまった。ありがたいことだが、いきなり群らがるように増えた、人々との関係性や、ギラギラとした日々の刺激に疲れてしまい、もう何もかも捨てて、いっそインドにでも行くか本屋のおやじさんになって、早いとこ枯れてしまおうと思ったのだ。

ま、若いやつによくある、理想郷の勘違いってやつである。

なんでインドや本屋さんが安息の地であるというのか。老人になりたいって楽なわけあるか、じーさんばーさんが。足腰弱るしボケるし。と、大人になればわかることだけど、若いうちはわからない上に、枯れたい、などと言って本当にポンとインドへ旅立ったり、早川義夫さんの場合は、ポンとジャックスもろとも音楽を捨てて、実際に本屋のおやじさんになってしまった。

そして早川さんはすぐに、そんな甘いもんじゃなかった！　と気が付くのである。めんどくさい客、理不尽な取り引き先の言い分、言いがかりをつけてくる近所のオヤジ。なかでもオヤジに至っては、お前のとこに本をおきに来る車のバックする時に鳴らすピポピポって音がうるさいとか「知らんがな！」ってなクレームをつけてくるのだ。

「ピポピポって、うちとらもう少し寝かしといてくれないかなと思うのに、ピポピポってうるさくてね」

知るかよ。ピポピポ俺の責任ちゃうやろがっ。しかし、早川さんはこう応えるのが精一杯であったのだ。

「や……それは……むり」

早川さんは本書に記す。

「人間よりも本にかこまれたいがために本屋を始めたつもりが、売る側に立つと、本屋は電車の中みたいで、人間にかこまれてしまうのであった。」「そもそも、僕が本屋を選んだ理由というのも不純であり、「あれは何も喋らなくていい、ただ坐っていればいい」と勘違いしたからである。」

気付きましょうよ、そんなことぐらい、始める前に！　ね、早川さん、と、大先輩にむかって思わず声をかけたくなること五十六回くらいはある本書はつまり、〃どんな仕事も楽じゃありません〃との、あまりにシンプルでストレートな、逆に当り前過ぎてつい忘れがちな真理を、それこそ「就職しないで生きるには」なんてことを考えている若者に教える良書であると思う。

しかも、ピポピポのくだりにもあるように、早川さん独得の、落語の名人さえ連想させる、徹底した〃ぼやき節〃でもってそのことを記し、読みものとしてまずダントツに面白い。

しかし、ボヤきにボヤいて十八年、ついに書店を閉めようと決めた早川さんは、こうも書くのだ。

「夜、店に戻った僕は、何故かホッとしている自分を発見したのである。」「この何でもない店の色合いや、空間や」、「今の自分にぴったりしているような気がした。いままで、いごこちが悪いとばかり思っていた自分の店が、もしかすると、他の場所よりいいのではないかと思った。」

どんな仕事も楽じゃありません、でもね、どんな仕事にも良さがあるんです、だから、がんばりましょうよ、と、早川さんの教える本書は、やはりシンプルでストレートなメッセージに満ちた素敵な一冊であると思う。

ただ、ミュージシャンの立場から本書を読んだ時、もし早川さんが本屋のおやじさんになる前に、ジャックスや、ミュージシャンという仕事を、「いごこちが悪いとばかり思っていた自分の店が、もしかすると、他の場所よりいいのではないか」と思い直して、音楽をやめることをやめていたなら、二十数年後に音楽活動を再開した早川さんだけど、その休止していた間に、どんな、どれだけの数の、すごい楽曲を作り、歌っていたのだろうなぁ？　と、ついつい考えてはしまうのだ。

それは早川さんにとっては、「ピポピポどうにかしろ」くらいに返答に困る、ファンの勝手な想像なのであろうけれど。

最後に、個人的な話になるが、二十四歳の時、僕がバンドをやめなかった理由の一つに、早川義夫著『ぼくは本屋のおやじさん』を読んで、「こりゃ大変だぁ、バンドの方がいいかも」と思ったから、ということがあったことを記しておきたい。

本書は、晶文社より一九八二年に刊行された『ぼくは本屋のおやじさん』（シリーズ〈就職しないで生きるには〉①）に、『いやらしさは美しさ』（アイノア、二〇一一年）からの一部を第３章として増補収録したものです。

新版 思考の整理学　外山滋比古

「東大・京大で1番読まれた本」で知られる〈知のバイブル〉の増補改訂版。２００９年の東京大学での講義を新収録し読みやすい活字になりました。

質問力　齋藤孝

コミュニケーション上達の秘訣は質問力にあり！ これさえ磨けば、初対面の人からも深い話が引き出せる。話題の本の、待望の文庫化。（斎藤兆史）

整体入門　野口晴哉

日本の東洋医学を代表する著者による初心者向け野口整体のポイント。体の偏りを正す基本の「活元運動」から目的別の運動まで。（伊藤桂一）

命売ります　三島由紀夫

自殺に失敗し、「命売ります。お好きな目的にお使い下さい」という突飛な広告を出した男のもとに、現われたのは？（種村季弘）

こちらあみ子　今村夏子

あみ子の純粋な行動が周囲の人々を否応なく変えていく。第26回太宰治賞、第24回三島由紀夫賞受賞作。書き下ろし「チズさん」収録。（町田康／穂村弘）

ベルリンは晴れているか　深緑野分

終戦直後のベルリンで恩人の不審死を知ったアウグステは彼の甥に訃報を届けに陽気な泥棒と旅立つ。歴史ミステリの傑作が遂に文庫化！（酒寄進一）

向田邦子ベスト・エッセイ　向田邦子　向田和子編

いまも人々に読み継がれている向田邦子。その随筆の中から、家族、食、生き物、こだわりの品、旅、仕事、私……、といったテーマで選ぶ。（角田光代）

倚りかからず　茨木のり子

もはや／いかなる権威にも倚りかかりたくはない……話題の単行本に3篇の詩を加え、高瀬省三氏の絵を添えて贈る決定版詩集。（山根基世）

るきさん　高野文子

のんびりしていてマイペース、だけどどっかヘンテコな、るきさんの日常生活って？ 独特な色使いが光るオールカラー。ポケットに一冊どうぞ。

劇画 ヒットラー　水木しげる

ドイツ民衆を熱狂させた独裁者アドルフ・ヒットラーとはどんな人間だったのか。ヒットラー誕生からその死まで、骨太な筆致で描く伝記漫画。

本屋、はじめました 増補版
辻山良雄
リブロ池袋本店のマネージャーだった著者が、自分の書店を開業するまでの全て。その後のことを文庫化にあたり書き下ろした。（若松英輔）

ガケ書房の頃　完全版
山下賢二
京都の個性派書店青春記。２００４年の開店前からその後の展開まで。資金繰り、セレクトへの疑念など本音で綴る。帯文＝武田砂鉄（島田潤一郎）

わたしの小さな古本屋
田中美穂
会社を辞めた日、古本屋になることを決めた。倉敷の空気、古書がつなぐ人の縁、店の生きものたち……。女性店主が綴る蟲文庫の日々。（早川義夫）

ぼくは本屋のおやじさん
早川義夫
22年間の書店としての苦労と、お客さんとの交流。どこにもありそうで、ない書店。30年来のロングセラー！（大槻ケンヂ）

女子の古本屋
岡崎武志
女性店主の個性的な古書店が増えています。カフェを併設したり雑貨も置くなど、独自の品揃えで注目の各店を紹介。追加取材して文庫化。（近代ナリコ）

野呂邦暢　古本屋写真集
野呂邦暢
岡崎武志／古本屋ツアー・イン・ジャパン編
野呂邦暢が密かに撮りためた古本屋写真が存在する。２０１５年に書籍化された際、話題をさらった写真集が増補、再編集の上、奇跡の文庫化。

ボン書店の幻
内堀弘
１９３０年代、一人で活字を組み印刷し好きな本を刊行していた出版社があった。刊行人鳥羽茂と書物の舞台裏の物語を探る。（長谷川郁夫）

「本をつくる」という仕事
稲泉連
ミスをなくすための校閲。本の声である書体の制作。もちろん紙も必要だ。本を支えるプロに仕事の話を聞きにいく情熱のノンフィクション。（武田砂鉄）

あしたから出版社
島田潤一郎
青春の悩める日々、創業への道のり、編集・装丁・営業の裏話、忘れがたい人たち……「ひとり出版社」を営む著者による心打つエッセイ。（頭木弘樹）

ビブリオ漫画文庫
山田英生編
古書店、図書館など、本をテーマにした傑作漫画集。主な収録作家――水木しげる、永島慎二、松本零士、つげ義春、楳図かずお、諸星大二郎ら18人。

ぼくは散歩と雑学がすき　植草甚一

1970年、遠かったアメリカ。その風俗、映画、本、音楽から政治までをフレッシュな感性と膨大な知識、貪欲な好奇心で描き出す代表エッセイ集。

せどり男爵数奇譚　梶山季之

せどり＝掘り出し物の古書を安く買って高く転売することを業とすること。古書の世界に魅入られた人々を描く傑作ミステリー。（永江朗）

20ヵ国語ペラペラ　種田輝豊

30歳で「20ヵ国語」をマスターした著者が外国語の習得ノウハウを惜しみなく開陳した語学の名著であり、心を動かす青春記。（黒田龍之助）

ポケットに外国語を　黒田龍之助

言葉への異常な愛情で、外国語本来の面白さを伝えるエッセイ集。ついでに外国語学習が、もっと楽しくなるヒントもつまっている。（堀江敏幸）

英単語記憶術　岩田一男

単語を構成する語源を捉えることで、語の成り立ちを理解することを説き、丸暗記では得られない体系的な英単語習得を提案する50年前の名著復刊。

増補版 誤植読本　高橋輝次編著

本と誤植は切っても切れない⁉ 恥ずかしい打ち明け話や、校正をめぐるあれこれなど、作家たちが本音を語り出す。作品42篇収録。（堀江敏幸）

文章読本さん江　斎藤美奈子

「文章読本」の歴史は長い。百年にわたり文豪から一介のライターまでが書き綴った、この「文章読本」とは何ものか。第1回小林秀雄賞受賞の傑作評論。

読書からはじまる　長田弘

自分のために、次世代のために――。「本を読む」意味をいまだからこそ考えたい。人間の世界への愛に溢れた珠玉の読書エッセイ！（池澤春菜）

本は読めないものだから心配するな　管啓次郎

この世界に存在する膨大な本をめぐる読書論であり、ブックガイドであり、世界を知るための案内書。読めば、心の天気が変わる。（柴崎友香）

新版「読み」の整理学　外山滋比古

読み方には2種類ある。既知を読むアルファ読みと未知を読むベータ読み。『思考の整理学』の著者が現代人のための「読み」方の極意を伝授する。

モチーフで読む美術史2　宮下規久朗

絵の中に描かれた代表的なテーマを手掛かりに美術を読み解く入門書、第二弾。壁画から襖絵まで和洋幅広いジャンルを網羅。カラー図版250点以上！

しぐさで読む美術史　宮下規久朗

西洋美術では、身振りや動作で意味や感情を伝える。古今東西の美術作品を「しぐさ」から解き明かす『モチーフで読む美術史』姉妹編。図版200点以上。

印象派という革命　木村泰司

モネ、ドガ、ルノワール。日本人に人気の印象派の絵は、美術史に革命をもたらした芸術運動だった！近代美術史の核心を一冊で学べる入門書。

既にそこにあるもの　大竹伸朗

画家、大竹伸朗「作品への得体の知れない衝動」を伝える20年間のエッセイ。文庫では新作を含む木版画、未発表エッセイ多数収録。（森山大道）

眼の冒険　松田行正

森羅万象の図像を整理し、文脈を超えてあらわれる象徴的な意味を読み解くことで、デザイン的思考の臨界に迫る。図版資料満載の美装文庫。（鷲田清一）

シャネル　山田登世子

最強の企業家、ガブリエル・シャネル。彼女のブランドと彼女の言葉は、抑圧された世界の女性を鮮やかに解き放った——その伝説を一冊に。（鹿島茂）

グレン・グールド　青柳いづみこ

20世紀をかけぬけた衝撃の演奏家の遺した謎をピアニストの視点で追い究め、ライヴ演奏にも着目、つねに斬新な魅惑と可能性に迫る。（小山実稚恵）

音楽放浪記　世界之巻　片山杜秀

クラシック音楽を深く愉しみたいなら、歴史的な脈絡をつけて聴くべし！　古典から現代音楽を整理し、音楽の本質に迫る圧倒的な音楽評論。（三浦雅士）

音楽放浪記　日本之巻　片山杜秀

山田耕筰、橋本國彦、伊福部昭、坂本龍一……。伝統と西洋近代の狭間で、日本の音楽家は何を考えたか？　稀代の評論家による傑作音楽評論。（井上章一）

歌を探して　友部正人

詩的な言葉で高く評価されるミュージシャン自ら選んだベストエッセイ。最初の作品集から書き下ろしまで。帯文＝森山直太朗（谷川俊太郎）

旅の理不尽　宮田珠己

旅好きタマキングが、サラリーマン時代に休暇を使い果たして旅したアジア各地の脱力系体験記。鮮烈なデビュー作、待望の復刊！（蔵前仁一）

ふしぎ地名巡り　今尾恵介

古代・中世に誕生したものもある地名は「無形文化財」的でありながら、「日用品」でもある。異なる性格を同時に併せもつ独特な世界を紹介する。

はじめての暗渠散歩　本田創／髙山英男／吉村生／三土たつお

失われた川の痕跡を探して散歩すれば別の風景が現れる。橋の跡、コンクリ蓋、銭湯や豆腐店等水に関わる店。ロマン溢れる町歩き。帯文＝泉麻人

鉄道エッセイコレクション　芦原伸 編

本を携えて鉄道旅に出よう！　文豪、車掌、音楽家——、生粋の鉄道好き20人が愛を込めて書いた「鉄分100％」のエッセイ／短篇アンソロジー。

発声と身体のレッスン　鴻上尚史

あなた自身の「こえ」と「からだ」を自覚し、魅力的に向上させるための必要最低限のレッスンの数々。続ければ驚くべき変化が！（安田登）

B級グルメで世界一周　東海林さだお

読んで楽しむ世界の名物料理。キムチの辛さにうなり、小籠包の謎に挑み、チーズフォンデュを見直し、どこかで一滴の醤油味に焦がれる。（久住昌之）

中央線がなかったら　見えてくる東京の古層　陣内秀信／三浦展 編著

中央線がもしなかったら？　中野、高円寺、阿佐ヶ谷、国分寺……地形、水、古道、神社等に注目すれば東京の古代・中世が見えてくる！　対談を増補。

決定版　天ぷらにソースをかけますか？　野瀬泰申

食の常識をくつがえす、衝撃の一冊。天ぷらにソースをかけないのは、納豆に砂糖を入れないのは——あなただけかもしれない。（小宮山雄飛）

増補　頭脳勝負　渡辺明

棋士は対局中何を考え、休日は何をしている？　将棋の面白さ、プロ棋士としての生活、いま明かされるトップ棋士の頭の中！（大崎善生）

世界はフムフムで満ちている　金井真紀

街に出て、会って、話した！　海女、石工、コンビニ店長……。仕事の達人のノビノビ生きるコツを拾い集めた。楽しいイラスト満載。（金野典彦）

品切れの際はご容赦ください

ちくま文庫

ぼくは本屋《ほんや》のおやじさん

二〇一三年十二月十日　第一刷発行
二〇二五年　九　月五日　第四刷発行

著　者　早川義夫（はやかわ・よしお）
発行者　増田健史
発行所　株式会社　筑摩書房
東京都台東区蔵前二―五―三　〒一一一―八七五五
電話番号　〇三―五六八七―二六〇一（代表）
装幀者　安野光雅
印刷所　三松堂印刷株式会社
製本所　三松堂印刷株式会社

ISBN978-4-480-43119-6　C0195